AF445560

# LA **MEJOR** MANERA DE PREDECIR EL **FUTURO** ES **CREARLO**

Esta lectura te ayudará a tener claridad en las acciones que te llevarán a lograr lo que es realmente importante para ti en diferentes aspectos de tu vida personal, de tu propia empresa o de tu trabajo, para tener la calidad de vida que deseas, ya que te invitará a tomar decisiones de las cuales sólo tú eres responsable. **CREA TU FUTURO.**

Disfruta la lectura.

JAVIER FOUBERT ROMERO

**LA MEJOR MANERA DE PREDECIR EL FUTURO ES CREARLO**

Primera edición: Octubre, 2016.
Reimpresión: Octubre, 2017.
Tiraje: 1,500 ejemplares.

Corrector de Estilo: Roxana Domínguez Guillén.
Diseño de cubierta: L.D.G. Chrystian A. Hernández Hernández.
Fotografía de portada: Dennise López Font

Comentarios sobre la edición y el contenido de este libro a:
j.foubert@asesoriaysoluciones.com.mx
www.asesoriaysoluciones.com.mx



ISBN  978-607-29-0154-4



Impreso en México – *Printed in Mexico*

# ÍNDICE



**SECCIÓN DESARROLLO PERSONAL, PLAN DE VIDA Y CARRERA**

# AGRADECIMIENTOS

Quiero agradecer a Dios, a mi familia y amigos por la oportunidad de haber vivido grandes experiencias que ahora puedo plasmar en este libro, lo que me ha servido y he aprendido, lo cual ahora puedo compartir con gente como tú.

Muy particularmente le agradezco mucho a mi esposa e hijos por estar conmigo, por su ayuda, cariño y muestras de amor en todo momento, han sido fundamentales para ser quien soy y tener esta familia. Ustedes me impulsan y motivan para ser una mejor persona. ¡Los amo!

Gracias a todos mis amigos y quienes están cerca de mí, que de alguna u otra manera han aportado para hacer este libro una realidad, saben que este logro también es de ustedes.

# INTRODUCCIÓN

Desde el año 2000 he trabajado en Kellogg Company, empresa transnacional enfocada en la nutrición, y he tenido la gran fortuna de pasar por distintas áreas como Compras, Mejora Continua, Ventas y Mercadotecnia, apoyando a facilitar diferentes talleres en Capacitación y teniendo la oportunidad de ayudar en distintos proyectos con gente ubicada en plantas de manufactura, en campo con vendedores, o bien en el corporativo, donde he podido apoyar a la gente en su crecimiento agregándole valor.

Me apasiona habilitar el crecimiento de la gente, por lo que estudié la Maestría en Desarrollo del Potencial Humano, además de un par de certificaciones para complementar mi experiencia laboral y así poder agregar valor a través de entrenamientos muy prácticos y efectivos. Mi objetivo ha sido darles la oportunidad de mejorar de diversas maneras para que destaquen en su trabajo y que tengan claridad sobre cómo quieren vivir su vida personal.

Desde el 2009 he podido agregar valor como consultor al impartir sesiones de coaching ejecutivo e impartir talleres referentes a presentaciones efectivas, liderazgo, retroalimentación, trabajo en equipo efectivo, adaptación al cambio, desarrollo organizacional, mejora de los procesos, destacar profesionalmente en diferentes empresas y universidades, así como dar conferencias. Al terminar las sesiones quienes se han acercado para conversar más, me han compartido sus inquietudes y de manera general todos coincidían en que deseaban que otros conocidos suyos hubieran podido vivir esa experiencia, por lo que la idea de escribir un libro comenzó a tomar más fuerza, y analizándolo ya tenía todos los ingredientes necesarios: Experiencia al habilitar el crecimiento de otras personas, me apasiona el tema y quería hacer algo muy práctico que agregue valor para hacerlo llegar a más personas.

He desempeñado responsabilidades gerenciales, por lo que tenía muy claro que si escribía un libro era clave que éste fuera práctico, claro, aterrizado, de lectura rápida y que brindara opciones para tener impactos positivos conforme se avanza en la lectura al poner en práctica lo leído. Un libro concreto y simple que permita mejorar la vida del lector.

Te invito a desarrollar tu potencial personal, a que tengas claros los temas relevantes en tu vida. Mi objetivo es compartirte experiencias que te agreguen valor y puedas implementar fácilmente en tu vida, en tu negocio o en tu trabajo.

En distintos momentos te invitaré a que definas acciones concretas, y con que al menos apliques alguna de ellas, haber escrito este libro habrá cumplido su objetivo: Habilitarte a ser una mejor persona.


Disfruta la lectura...

**PRIMERO LO PRIMERO...** Es decir, ¿has priorizado lo que para ti es más importante?

**El primer responsable de mi presente y mi futuro soy yo...**

**El primer responsable de mi salud soy yo...**

Te invito a analizar todo lo que has hecho o lo que has dejado de hacer. En gran medida, el crecimiento personal y profesional no surge al incrementar la cantidad de tareas o de trabajo. La mejora radica en renunciar a todo aquello que ya no aporta valor o no está alineado a tus grandes objetivos en la vida. Seguramente en otro momento ciertas actividades te aportaban aprendizajes y crecimiento, pero ahora sólo te aportan seguridad. Ese es el momento justo en el que la seguridad se puede convertir en comodidad e impedirte evolucionar.

El propósito del cambio es la mejora. Cambiar implica provocar una mejora no sólo en ti, sino en el entorno que te rodea y al que perteneces. Las transformaciones que has experimentado, ¿las has utilizado para mejorar algo a tu alrededor o han sido sin sentido?

Al tener control de tus pensamientos, emociones y deseos, verás que eres dueño de ti mismo y eso influye en ti e inspira a otros. Por lo que es clave que estés consciente y puedas ser dueño de tu vida.

Gran parte de mi vida me he fijado metas a diferentes plazos. Al mirar atrás me doy cuenta de que cada uno de esos pasos o éxitos parciales me habilitaron a perseguir el siguiente. Por muy pequeña que fuera la meta o bien se tratara del corto plazo, sabía exactamente a dónde deseaba llegar y me concentraba en hacerlo. Las metas alcanzadas me llevaban a pensar en otras. La clave ha sido tener en mente lo que quiero, por lo que cada meta la logré en función del gran objetivo y el más importante.

Un buen amigo me comentó: "Ten claras las grandes prioridades de tu vida, escríbelas en papel y define acciones que te permitan lograrlas, no importa cuánto tiempo te tome, pero asegúrate que esas acciones te permitirán alcanzar tus prioridades, así que ponte metas y cúmplelas. Inicia con acciones básicas y después ve por sueños más grandes". Me ha funcionado y te lo recomiendo. Así tienes claridad en tus grandes retos.

Te comparto palabras de Nelson Mandela, uno de los líderes más carismáticos que el mundo haya conocido. En lo personal me han servido en distintos momentos, al afrontar mis retos, tanto personales como profesionales:

- Si esperas las condiciones ideales, éstas difícilmente se darán.
- Júzgame por las veces que me caí y volví a levantarme, no por mis éxitos.
- El valiente no es quien no siente miedo, sino quien conquista ese miedo.
- Una buena cabeza y un buen corazón son siempre una combinación formidable.
- La educación es el arma más poderosa que puedes usar para mejorar.

Tienes una vida en tus manos, la tuya. Sólo de ti depende lo que quieras ser o hacer. Te invito a que hagas una pausa para darte cuenta cuál es tu grado de satisfacción en los diferentes aspectos de tu vida.

Lo que harás es evaluar del 1 al 10 cuál es tu estado actual (la realidad que tienes hoy) en cada aspecto:

1.  Familia                                    _____
2.  Salud                                       _____
3.  Desarrollo personal                 _____
4.  Carrera profesional / Trabajo   _____
5.  Amistades                               _____
6.  Pareja                                      _____
7.  Dinero                                     _____
8.  Diversión                                 _____

Enfócate y escoge el o los aspectos que quieras mejorar.

El cambio no se dará solo porque sí. Ahora define acciones concretas para que mejores ese aspecto. Si realmente quieres que haya un cambio, te sugiero escribir lo que realmente cumplirás (acciones y fechas en que lo implementarás), y tenlo cerca de ti para revisarlo.

Te sugiero enfocarte en aspectos en los que verás mejoras en el corto plazo (próximas semanas) y otros en el mediano plazo (6 meses a 1 año).

En ocasiones, al enfocarme en un aspecto descuido otro, por eso hacer este ejercicio de forma mensual me ayuda a enfocarme en mis iniciativas, hacer los ajustes necesarios y a hacerme consciente del balance en todos los aspectos. Por ejemplo respecto a tu salud: si es buena, mantenla así. Si no es adecuada, mejórala. Y si no está a tu alcance la solución para mejorarla, busca ayuda. Quien no tiene tiempo para cuidar su salud, algún día necesitará tiempo, dinero y paciencia para cuidar su enfermedad.

La vida tiene una vigencia, tú decides cómo vivirla.

La felicidad es algo que uno decide. Que me guste mi cuarto o no me guste, no depende del acomodo de los muebles, depende de mi decisión. Cada mañana al despertarme tomo decisiones. Puedo pasar el día en la cama enlistando las dificultades que tengo o levantarme, activarme y estar agradecido por lo que tengo.

La vejez es como tu cuenta de banco donde retirarás lo que hayas depositado. Te sugiero depositar experiencias de felicidad en tu cuenta de recuerdos.

Algunas sencillas recomendaciones:
1. Libera tu mente de preocupaciones.
2. Vive con sencillez.
3. Da más.
4. Espera menos.

# ÉXITO...

A mi parecer, la persona exitosa es aquella que logra llegar a sus metas siendo feliz, con una vida plena, íntegra y satisfecha. En otras palabras, es quien logra alcanzar su meta deseada de manera integral y con valores.

Define el éxito en tus propios términos, alcánzalo y vive una vida que te haga sentir orgulloso.

Me ha sido de mucha ayuda lo que he aprendido en otras ocasiones. He pedido ayuda a muchas personas, quienes me han apoyado y me han aconsejado. Lo he podido aplicar, y he visto resultados en lugar de desanimarme. La vida no tiene que ver con ser derrotado, tiene que ver con lo que aprendes de esa experiencia y lo que coseches de ella.

Cuando no disfruto lo que hago, se me hace muy pesado el día, y acabo demasiado desgastado. Por lo que procuro tomar decisiones y acciones disfrutando lo que hago. Te sugiero disfrutar lo que haces, eso es lo importante. No trates de ser perfecto, sé ambicioso y mejora cada día. Busca gente experta y aprende de ellos.

Numerosos estudios han demostrado que los que triunfan tienen una visión clara y bien definida de lo que quieren hacer con su vida. Tienen una meta tan clara que les permite ir en su camino a lograrla con pasión y no en busca de su pensión. Dale forma a tus sueños, destínale tiempo, atrévete a correr riesgos y haz realidad tu visión con acciones prácticas. Crea la realidad que esperas.

Se trata de atreverse a seguir soñando y emprender nuevos proyectos. Escribe cuál es el proyecto que hoy te mueve. No importa si tienes 15, 20, 40 o 60 años, ni si es un proyecto a corto o largo plazo, grande o pequeño, personal o profesional. ¿Cuál es ese sueño que hoy tiene sentido para ti?

**El éxito es la realización de tus sueños**, cuanto más te enfoques en tu objetivo con la cabeza y emocionalmente, entonces con mayor facilidad podrás materializarlo.

**El éxito es un viaje, no es nada más un destino.** Disfruta el *proceso* hasta llegar ahí. Jack Dempsey, campeón mundial de boxeo dijo: "Llegar a ser el campeón mundial de los pesos pesados fue la culminación de un sueño. Amé todo el camino que recorrí hasta conseguirlo".

Te comparto las palabras de Robert J. Hastings: "Nada más ríos, sube más montañas, besa más bebés, cuenta más estrellas. Ríe más y llora menos. Ve descalzo con más frecuencia. Come más helados. Ve más atardeceres. Vive la vida a medida que avanzas, día a día. La estación llegará pronto." Disfruta y sal de tu rutina.

**El éxito es una meta que vale la pena,** lo que defines como éxito debe ser una meta de la que estés orgulloso y disfrutes alcanzarla, digna de tus esfuerzos y de ti como persona.

**El éxito es una decisión, una elección. ¿Qué quieres ser, hacer y tener?** El futuro que quieras, depende de tus acciones del presente.

Haciendo una analogía con el deporte y tu vida: Deja de jugar para no perder y juega para ganar en lo que hagas.

Anthony Campolo, sociólogo estadounidense, hizo una investigación con personas mayores de 90 años a quienes les preguntó: "Si volvieran a vivir su vida de nuevo ¿qué harían de una manera diferente?"

- *Tener menos que lamentar.* Refiriéndose a lo que no habían hecho en la vida.
- *Tomarme más tiempo para reflexionar.* Algunos sólo se dejaron llevar por los demás, sin pensar en lo que de verdad querían en su vida.
- *Dejar un legado.* Sentir que su vida había servido para algo, que los recordarían cuando no estuvieran.

Por lo general, uno despierta, se baña, se sube a su carro, trabaja o estudia, regresa a casa y comienza el día siguiente haciendo el mismo ritual.

Dentro de 10, 20 o 30 años estarás más decepcionado por las cosas que no hiciste, que de las que sí viviste. Así que desamarra las cuerdas del puerto seguro donde estás, atrapa los vientos favorables y navega. Explora, sueña, descubre.

Haz realidad tus objetivos al saber qué quieres hacer de tu vida. Atrévete, da el paso aunque sea a prueba y error. No te enfoques en qué te dará dinero sino en lo que te gusta hacer y a dónde quieres llegar.

Cumple tus compromisos, es la mejor fuente de autoconfianza y de credibilidad.

¿Qué es más importante para ti?, ¿qué te hace feliz?, ¿qué disfrutas?, ¿qué haces bien, en el trabajo o en casa?, ¿a dónde quieres llegar?

Cana uno de nosotros generamos nuestra realidad, todo lo que vivimos y observamos puede ser lo que queremos que sea. Depende del sentido que le demos a cada situación a la que nos enfrentemos. Ahora bien, percibes "tu" realidad de acuerdo a los lentes que traes puestos, y esos lentes tienen que ver con tu historia personal, creencias, juicios, formación y emocionalidad. Como ves las cosas, solamente es la manera como las percibes.

## ¿Son 3 o son 4?

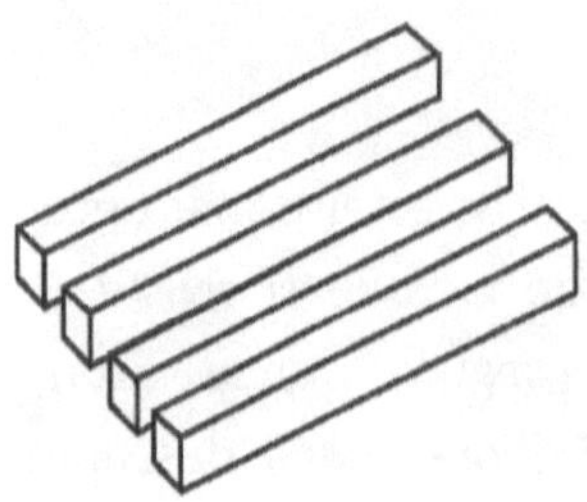

Quien ha despertado su conciencia, tiene claro dónde está y hacia dónde necesita ir para crecer. Alguien que se acepta a sí mismo, saca lo mejor de su personalidad y sabe que es mucho más que el conjunto de cualidades y defectos que los demás identifican en su persona. No es algo con lo que se nace, sino la consecuencia de atreverse a conocerse interiormente y hacer un proyecto de vida.

Mohandas Karamchand Gandhi al experimentar el racismo, trabajó en sí mismo hasta convertirse en un ser lleno de luz que increíblemente llevó a la India a independizarse pacíficamente de Inglaterra. Dejó de ser Mohandas Karamchand para convertirse en "Mahatma", que significa "alma grande". Ve por algo más cercano a tu entorno, date cuenta que a tu alrededor existen personas que han logrado el equilibrio y tómalos como referencia.

Ser feliz te permite conectarte con la situación que experimentes y la gente con quien convives. Al encontrar la felicidad en cada cosa que realizas, disfrutas del camino y así es más agradable el trayecto para lograr tu objetivo.

Satisface tus necesidades primarias como ser humano, desde comer sanamente, tomar suficiente agua durante el día, ejercitarte física y mentalmente con frecuencia, dormir y descansar bien. Si no estás bien contigo mismo, difícilmente podrás estar bien con quienes te rodean y tampoco podrás enfocarte adecuadamente para alcanzar las metas que deseas. El cuerpo es muy sabio y tiene límites, por lo que en algún punto tu cuerpo te reclamará sobre los cuidados que requiere.

Estar bien conmigo mismo me ha permitido estar en plenitud con el exterior. A esto le llamo **Tener control**.

Es muy común escuchar que no tenemos tiempo de comer adecuadamente y menos comer entre comidas. Eso me pasó a mí en algún momento de mi vida y lo ligué a uno de mis grandes objetivos que es estar saludable para convivir con mi familia hoy y en los siguientes años. Así que opté por el cambio que implicó ajustes y planeación con acciones como desayunar fruta con granola, en mi oficina tener almendras a la mano para hacer la colación de media mañana y tener un envase para beber agua durante el día.

**Tener control** es lograr tu meta al ser organizado. Una persona consciente de lo que quiere y necesita, puede ejecutar acciones concretas, y como consecuencia, se reafirma a sí misma logrando confianza, seguridad, visión clara, flexibilidad, perseverancia, menos estrés y mayor satisfacción personal. ¿Estás consciente de cómo pasas tu día? En ocasiones, las múltiples actividades del día a día nos absorben y perdemos (o más bien nos quitamos) el poder de estar en control.

El verdadero poder siempre se encuentra en el tiempo presente. Si aprendes a tener claro tu presente entonces podrás ver claramente tu futuro. No puedes saber a ciencia cierta si mañana estarás en compañía de tus hijos y de tu pareja, o si en el futuro estarás solo o sola; lo que sí depende de ti es qué harás el día de hoy para tener una buena relación con tus seres queridos. No puedes saber si en un futuro estarás enfermo, pero puedes cuidarte hoy para llevar una vida más sana. Estar en control te permitirá dar dirección, sentido y motivación a los años que vienen por delante, teniendo apertura a las oportunidades que se presenten.

**Tener control** es estar conectado con el presente y disfrutarlo plenamente, es vivir con plenitud.

Para que tengas control, date cuenta de tu realidad hoy. Enlista las cosas que quieres modificar para estar 100% satisfecho, feliz y conectado contigo mismo. Te puede servir preguntarte ¿qué proyectos, acciones o planes no estoy logrando?

Tu meta ¿es ser un buen padre/madre de familia? ¿Ser una persona de negocios? ¿Ser reconocido? ¿Ser famoso? ¿Apoyar a gente necesitada? Felicidad es responder a tu vocación, es ser querido por quien eres y lo que eres. Es sentirse completamente vivo. De lo que puedes estar seguro es que en unos años ya no estarás aquí.

Ahora, date un espacio y respóndete a ti mismo. En realidad ¿qué quieres? y ¿para qué lo quieres?, ¿qué es lo que te satisface? Tú eres la única persona que sabe qué y cuáles son las cosas que dan sentido a tu vida.

_______________________________________________

_______________________________________________

_______________________________________________

_______________________________________________

_______________________________________________

Si ya tienes claro el ¿qué quieres? y el ¿para qué?, ahora sigue definir tu plan sobre cómo lo puedes lograr de manera integral. Si fuera necesario cambia el plan, pero no cambies la meta.

¿Qué tendría que suceder en los próximos meses o años para que tu meta se logre o tu sueño comience a tener forma y claridad?

La mayoría de la gente exitosa emplea en conjunto cuatro cualidades de manera muy clara: Disciplina, Actitud, Toma de riesgos y Capacidad de relacionarse.

1) **Disciplina** es la capacidad de hacer lo que tienes que hacer en el momento que tienes que hacerlo. Deja de dar excusas, enfócate en tu meta y actúa. Pon en práctica tu actuar de manera ordenada y perseverante, te facilitará lograr el bien o fin que hayas determinado.

2) **Actitud** habilita tus comportamientos para que logres lo que te propongas. Cada experiencia es como una moneda de 2 caras, tú decides qué lado de la moneda deseas observar. Siempre es posible encontrar algo bueno en toda situación, incluso en las peores. De ti depende dar el enfoque que quieras y buscar cosas que te agreguen valor.

3) **Toma riesgos** si quieres obtener resultados diferentes, haz cosas distintas. Toma precauciones, analiza la situación sin dejar entrar al miedo y acciona, simplemente da el paso y fíjate nuevas metas.

4) **Relaciónate**, rodéate de gente sana, animosa, experimentada, positiva, que te empuje y te estimule, que te motive e inspire a ser mejor persona. Cuida tus relaciones cercanas, son como guías de navegación para llegar a la meta.

¿Qué acciones puedes poner en práctica? ¿Cuál será tu siguiente paso?

_______________________________________________

_______________________________________________

Se necesita voluntad propia. Si tú no la tienes, nadie la tendrá por ti.

**RENUNCIA** a excusas, a complacer a todo el mundo, a quejarte por todo.

## TEN PRESENTE...

Concéntrate en lo importante. Ten las motivaciones correctas. Se requiere de esfuerzo. Asume que trabajarás más que los demás.

Ten apertura a cambiar, debes estar dispuesto a opciones. Si quieres obtener resultados diferentes haz cosas distintas. Utiliza estrategias alternas.

El miedo es bueno si lo utilizas para impulsarte, no para detenerte.

Siempre ve hacia adelante, crece continuamente y aumenta tu conocimiento. No esperes éxito inmediato. Encuentra a un mentor, alguien que lo haya logrado.

Limpia tu desorden. Ten un lugar limpio y organizado.

Sé ambicioso con tus metas, piensa en grande.

Las pequeñas ganancias hacen una gran victoria. No vas a cerrar un gran negocio en un primer intento. Reconoce que puedes fallar y es parte del viaje. El éxito vendrá de acuerdo a cómo reacciones ante situaciones adversas.

# NO PUEDES TENER EL CONTROL SOBRE TODAS LAS COSAS

Y menos cuando por primera vez te enfrentas a ciertas experiencias o retos. La vida no es estática y va cambiando, por lo que debes vivir desafiando constantemente lo desconocido.

Imagina lo que podría ser tu vida si te atrevieras a cambiar, si tan sólo te atrevieras a moverte, poco o mucho pero que te muevas. Tu mundo a veces te protege de lo desconocido pero también te encierra y te limita.

Te comparto una historia que hace poco me contó un conocido, la cual trata de un señor que llega con el carpintero para solicitarle un proyecto. Desde su llegada se escuchaba el incansable quejido del perro del carpintero que estaba en el taller, por lo que el señor le preguntó: "¿Está bien tu perro? se está quejando mucho." A lo que el carpintero contestó: "No te preocupes está bien, simplemente es flojo."

El señor, confundido por la respuesta pregunta: "Y eso ¿qué tiene que ver?" El carpintero respondió: "Está echado sobre una tabla que tiene un clavo salido y se le encaja constantemente. Por eso se queja."

El señor sorprendido pregunta: "Y ¿por qué no se mueve?" El carpintero le contestó: "Le molesta lo suficiente para quejarse, pero no como para moverse."

Tú tienes el talento necesario, y las respuestas están dentro de ti, sólo te falta atreverte. Una cosa es desearlo y otra es decidirlo. ¿Te das cuenta que lo habías deseado pero no te habías decidido? El único responsable eres tú. Tú optas por creer y hacer lo que te conviene. Sólo necesitas ver un poco más allá para darte cuenta que hay todo un mundo de posibilidades y opciones.

Atrévete y aviéntate como el halcón que se tira de su nido por primera vez para descubrir que puede volar. Aprende de su confianza en la vida. Confía en ti, aquieta tu mente y relájate, hay cosas que sólo se pueden ver desde la tranquilidad.

¿Tienes algún clavo que te esté molestando? ¿Qué quieres hacer con él al respecto?

Muchas personas se encierran en su mundo. De alguna manera ahí se sienten seguras y acaban por olvidar que ellos mismos se encerraron ahí y les cuesta mucho trabajo salir. Tú nunca estarás seguro de algo si no te atreves a darte la oportunidad de hacer las cosas, de sentir y de superar ese límite que sólo está en tu mente.

Respecto al pasado, no importa qué tan indefenso te sientas, recuerda que todo está sólo en tu cabeza, sólo son recuerdos. Puedes salir de ese pasado cuando tú quieras. Has aprendido que no tienes el control sobre todas las cosas, pero te recuerdo que sí tienes el control sobre ti mismo. No puedes controlar las circunstancias alrededor de tu vida pero sí puedes controlar tus ganas de vivir y tu forma de actuar ante las experiencias. No hay momentos claves, no hay oportunidades claves, sólo hay actitudes claves, así que ¡a darle para adelante!

# LA ACTITUD ES TODO

Depende de ti el control de tu actitud.

Es claro que los focos que iluminan nuestra casa transmiten energía, lo podemos ver y sentir. Las **personas somos como focos que vamos transmitiendo energía, dinamismo e intensidad por la vida.** Hay personas que van totalmente fundidas y otras que van a 40,000 watts. Seguramente en tu experiencia has conocido a alguien que al cabo de 5 segundos de conocerlo dices ¡wow! Quedaste impactado positivamente. Es seguro también que has coincidido con otras personas que te han dejado una sensación de pesadez o cansancio.

Te comparto la ecuación de cómo vamos en la vida según Víctor Küppers:

$$\text{Vida} = (\text{Conocimientos} + \text{Experiencia}) \times \textbf{Actitud}$$

Para todo en la vida los Conocimientos son necesarios, saber cómo construir una casa, preparar algún alimento, dar clases, ser médico. La Experiencia es un factor que cuenta mucho y permite ser experto en algún tema. Sin embargo, la Actitud es lo más importante de la fórmula. Te darás cuenta que el Conocimiento suma, la Experiencia suma, pero la Actitud multiplica. La diferencia está en la Actitud.

Elegimos a la gente por su manera de ser, por su Actitud. Todas las personas fantásticas tienen una forma de ser magnífica. El problema es cuando uno está desanimado, uno pierde lo mejor que tiene que es su **Actitud**.

Estamos en un entorno en que todo es rápido. Hablamos rápido, comemos rápido, caminamos rápido, queremos resultados rápidos. Vamos por la vida como "gallinas sin cabeza" sin saber a dónde vamos. ¿Vives tu vida como "gallina sin cabeza"? Detente, haz las pausas necesarias y ajusta, si no, te puedes equivocar de camino.

**Asegúrate que lo más importante está siendo realmente lo más importante y que estás encaminado a ello.** Cuando tienes esa claridad, que vas avanzando con dirección hacia lo más importante se nota, la gente va optimista, motivada, enfocada. Los seres humanos funcionamos con ilusiones y sueños.

Seguramente realizas muchas actividades desde las 6:00 de la mañana hasta las 11:00 de la noche, pero no es lo mismo hacer muchas cosas que hacer lo importante.

La vida es como un juego de cartas, la vida te da las cartas y tú defines cómo jugar con ellas. Tu grandeza la demuestras jugando. Nunca podrás cambiar las circunstancias. Nunca podrás devolver las cartas. Seguramente tendrás momentos complicados como enfermedades y crisis. Siempre podrás elegir tu actitud. Esa es tu libertad como ser humano. Las circunstancias influyen y el entorno condiciona, pero siempre tendrás ese espacio para definir tu actitud y cómo afrontarlo. **En cada instante estás escogiendo tu actitud.**

Existe una gran diferencia entre haz lo posible y hazlo posible. Cuando te decides logras lo que te propones, así que hazlo posible.

Las crisis ocurren quieras o no. La gran diferencia es la actitud con que las enfrentes, ya que puedes sufrirlas o sacar provecho de ellas, puedes crecer o estancarte, por lo que es una elección personal.

Los japoneses escriben crisis así:

Crisis

危機

Uno de los caracteres significa amenaza y el otro oportunidad:

Amenaza                    Oportunidad

危                              機

Los dos caracteres juntos significan crisis. Por lo que una crisis es una amenaza y una oportunidad al mismo tiempo, el reto está en convertir la amenaza en crecimiento al detectar esa oportunidad que brinda la situación.

Te comparto el **Principio 90/10** de Stephen Covey.

El 10% de lo que te pasa es circunstancial y es lo que no está bajo tu control, mientras que el otro 90% de lo que pasa en tu vida está relacionado con la forma como respondes. Una reacción equivocada podría afectar tu relación con tu pareja o tus hijos o un amigo, te puedes estresar demasiado y sin necesidad de haberlo hecho, por eso la importancia de pensar antes de actuar.

Si tienes hijos pequeños o sabes de alguien que los tenga es muy probable que te hayan compartido una anécdota como la siguiente que nos sucedió en casa cuando al estar desayunando, por accidente mi hijo tiró su vaso y se derramó la leche en la mesa. En ese momento la reacción de mi esposa fue decirle: "Es importante evitar accidentes. Se derramó la leche, te mojaste tu pantalón y playera. Por favor sube a cambiarte en lo que limpiamos. Te pido de favor que te apures para que terminemos de comer y podamos llegar a tiempo a tu entrenamiento". En ese momento mi hijo pidió disculpas, y se fue a cambiar. En un par de minutos todo se arregló y seguimos con lo planeado en el día.

Si mi esposa hubiera reaccionado gritando y regañando, sólo se hubieran empeorado las cosas, y mi hijo en lugar de enfocarse en resolver la situación y aprender de ella, sólo se hubiera sentido peor y seguramente se hubiera tardado más porque ahora habría que pasar por el proceso de tranquilizarlo, y muy probablemente no habría llegado a su entrenamiento a tiempo o bien se habría ido sin acabar de comer. ¿Eso es lo que queríamos? Simplemente queríamos almorzar juntos, estar listos para la siguiente actividad.

Responde adecuadamente, aunque al inicio tu reacción no sea la mejor, date la oportunidad de actuar de tal manera que no afecte la relación con la otra persona. Date un par de segundos para responder de forma consciente, es algo simple y ayuda a mantener buenas relaciones.

"Sé un motivador, el mundo ya tiene suficientes críticos." Dave Willis.

"El pesimista se queja del viento, el optimista espera que cambie, el realista ajusta las velas". William George Ward.

# TALENTO + ACCIONES

Todos tenemos una cualidad o talento que nos hace únicos, sin embargo, en muchas ocasiones el tiempo se pasa sin que lo pongamos en práctica y explotemos tanto como pudiéramos. ¿Sabes qué te distingue y hace que los demás se fijen en ti?

Conozco a muchas personas que tienen ese talento que los caracteriza pero que no lo explotaron, sin conseguir lo que podrían haber logrado. ¿A qué se debe? No se requiere el talento por sí solo, tiene que ver con tu **actitud**, la que decidas adoptar al **poner en acción tu talento** y perseguir tus sueños. Eres responsable de tus actos independientemente de lo que hagan o dejen de hacer los demás.

Hay diferentes tipos de personas en el mundo:
- Los que dicen lo que ha sucedido.
- Los que observan lo que ha sucedido.
- Los que hacen que las cosas sucedan.

Compruébalo tú mismo, cuántas veces al día escuchas a la gente decir: "Si supieran que soy muy bueno en esto...", "si tuviera más tiempo...", "si me hicieran más caso...", "si... entonces todo estaría mejor". Honestamente cuestiónate cuántas veces piensas así e imagina la cantidad de energía que gastas en vez de aplicarte.

Literalmente, todo lo que somos y hacemos es resultado directo de las decisiones que tomamos.

Analiza tu situación como padre, amigo, esposo, hermano, hijo, o la cantidad de dinero que ganas, hasta el lugar en que trabajas o el lugar donde vives. ¿De qué te das cuenta?

_______________________________________________

_______________________________________________

_______________________________________________

_______________________________________________

Piensa lo que dijo el escritor George Bernard Shaw: "La gente siempre culpa las circunstancias de lo que ellos son. Yo no creo en las circunstancias. Las personas que avanzan en este mundo son las que se levantan y buscan las circunstancias que desean… y si no las encuentran, las crean."

Empieza por aceptar que eres responsable del 100% de tus actos, eres responsable de ti mismo y de tu vida, de tus sentimientos y de todos los resultados que consigas. No culpes a los demás. Acepta tu responsabilidad personal.

He escrito este libro por varias razones, y una de ellas es porque quería escribir un libro. El que estés leyendo estas líneas es consecuencia de que he logrado una de mis metas y, como lo comenté al inicio, espero que te agregue valor.

Detente un momento a pensar, ¿qué crees que tu familia, amigos y compañeros dirán cuando faltes? Imagina tu funeral, ¿crees que alguien sabría decir cuál fue tu objetivo, para qué estabas en este mundo?

Cada uno de nosotros está dotado de un talento único e importante. Quienes somos nos hace únicos. Sigmund Freud llamó "la semilla dorada" a nuestro objetivo. La mayoría de las personas que han triunfado recuerdan que en algún momento alguien les dijo que tenían un talento o cualidad especial. Se los pudo haber dicho un amigo, un compañero, un jefe, un cliente o un familiar, lo relevante es que ellos escucharon esas palabras y persiguieron su objetivo.

**Tu objetivo no tiene que ser complicado.** Que sea simple, que te ayude a comprender que estas aquí para lograr algo.

**Tu objetivo tiene que impresionarte.** No tiene que solucionar la paz del mundo o curar el cáncer. Tu objetivo sólo te tiene que impresionar a ti. Que te llene y motive.

**Tus metas deben encajar en tu objetivo.** Lo que hagas en tu día a día, debe estar alineado a tu objetivo.

**No confundas tu trabajo y tu objetivo, no son lo mismo.** Tu trabajo debe estar alineado con tu objetivo, pero sin ser tu objetivo. ¿Qué harías si tu trabajo cambiara o desapareciera de repente? Mucha gente después de ser despedida o en su retiro hace lo que siempre había deseado, no esperes, y haz lo que te realiza.

"Los buenos líderes crean un objetivo, lo expresan, lo hacen suyo con pasión y lo impulsan incansablemente hasta completarlo." Jack Welch.

Los dos días más importantes de tu vida son cuando naces y cuando sabes por qué estás en este mundo. Nos movemos tan rápido en el día a día que no destinamos tiempo ni nos detenemos a pensar en lo que hacemos y por qué lo hacemos.

Toma un momento para identificar cuál es tu objetivo:

¿Qué cosas consideras esenciales hacer en tu vida?
Si escribieras tu epitafio el cual leerían en tu funeral, ¿Qué quisieras que dijera?
¿Cuáles son las dos cosas que te apasiona y encanta hacer?
¿En que eres realmente bueno?

_________________________________________________

_________________________________________________

_________________________________________________

_________________________________________________

_________________________________________________

_________________________________________________

_________________________________________________

_________________________________________________

# PASO A PASO

"Más vale paso que dure que trote que canse". La clave es no llenarse de actividades, simplemente hacer lo que tengo que hacer. Si deseas administrar tu tiempo para cumplir todas las actividades de tu día, el orden, planeación y enfoque son clave. Te comparto el consejo de un conocido tuyo, el reloj:

"Trabajo más que un mortal pero más fácilmente porque lo hago segundo a segundo. Tengo que hacer miles de tic-tacs para formar un día, pero dispongo de un segundo para hacer cada uno de ellos, no los quiero hacer todos a la vez.

Nunca me preocupo de lo que hice ayer, ni de lo que tendré que hacer mañana. Me ocupo del HOY, AQUÍ Y AHORA. Sé que si hago bien lo de hoy, no tendré que molestarme por el pasado ni preocuparme por el futuro.

Tú que eres persona, si quieres vivir tan tranquilo como yo, no trates de vivir toda tu vida ni echarte todo el peso del trabajo en un solo día. Vive el ahora, haz el trabajo de cada día en su día. Te convencerás de que siempre hay tiempo para todo.

Hay que hacer el trabajo que tiene que hacerse. Si quieres encontrar el modo efectivo mírame, nunca me preocupo, nunca me apresuro, pero nunca me retraso. Lo que tengo que hacer lo hago. ¡Ese es el secreto!" Desconozco al autor de este texto pero le agradezco, ya que me ha sido de mucha utilidad.

Es relevante que definas las acciones y hábitos que te llevarán a ser quien deseas. Es como cuando ponemos el navegador y nos pide escribir: Ubicación actual y Ubicación final.

Para vivir nuevas experiencias tendrás que atreverte a dejar atrás la comodidad de las costumbres.

"Los ganadores nunca se rinden y los que se rinden nunca ganan." Vince Lombardi. Cuando sientas la necesidad de tirar la toalla, recuerda los motivos del por qué comenzaste.

Un crecimiento pequeño pero reforzado continuamente da como resultado un crecimiento exponencial que en menos tiempo de lo que crees, se vuelve enorme. El logro de las metas se hace de forma progresiva, no de un solo golpe. Identifica los hábitos de comportamiento y acciones de mejora clave para el logro de tus metas en cada aspecto de tu vida.

Además de ciclos y relaciones, hay hábitos que nos estorban y destruyen. Piensa en un hábito que has tenido mucho tiempo y que te está haciendo daño. Me imagino que ese hábito te da mucho placer, pero en el fondo sabes que te está lastimando. Algunos ejemplos podrían ser:

- Fumar o cualquier adicción
- Comer comida chatarra o exceso de azúcares
- Hacer chantajes
- Destinar el tiempo sólo a cosas improductivas, como ver la televisión

Partiendo de aquello que verdaderamente te dejaría satisfecho ¿qué quieres mejorar?, ¿cómo tienes que vivir a partir de hoy?, ¿a qué te comprometes en las siguientes semanas y meses?, ¿qué le quieres dejar a tu familia? Visualiza cómo quieres vivir a partir de hoy. Observa a qué le dedicas tiempo y con qué intensidad. Ten claridad en tu camino, vive tu misión a tu ritmo y deja tu legado.

Escríbelo en un papel
Ponle fecha a tu nueva actitud respecto a esa situación
Escribe quién o quiénes se beneficiarán con tu cambio
Escribe cómo se beneficiarán
**Actúa,** el cambio está en ti.

Una mejora mensual del 10% se convierte en el doble a los 8 meses, por lo que no te angusties con lo que te falta mejorar de los aspectos de tu vida, si eres constante mejorarás de una manera progresiva y en poco tiempo habrás llegado al estado deseado que te has planteado.

**Establece tu visión de futuro.** Date un tiempo para ti mismo, en un lugar tranquilo y sin interrupciones. ¿Qué deseas ser, hacer y tener en los próximos 5 o 10 o 15 años? Dibuja o plasma tus sueños en una hoja como si estuvieras presentando a otra persona tus próximos años. Te sugiero que tengas varias hojas tamaño carta o bien sea una hoja grande tipo rotafolio para que puedas tener la visión completa.

**Cuáles son las metas más importantes para ti.** ¿Qué pasaría si no logras esa meta en los siguientes años?, ¿cómo te sentirías?, ¿qué dejarías de ganar? Define tus metas más importantes.

**Establece tu propósito de vida** que orienta tu toma de decisiones, las cuales enfrentas a cada momento y así te permite vivir con sentido. Es cuestionarte para qué quieres lo que quieres.

**Procura el equilibrio** en todos los aspectos de tu vida, porque así puedes tener mayor control sobre ti mismo para fortalecer tu propósito. La falta de conocimientos puede impactar tu desarrollo profesional. Sin la salud suficiente no podrías dedicarte a otras cosas, por lo que es relevante que reconozcas la importancia de desarrollarte en cada aspecto de tu vida y definas las metas que son valiosas para ti.

Nunca conseguirás hacerlo todo bien la primera vez. Concédete el permiso para ser imperfecto y sé selectivo de a quién eliges escuchar. Sir Alex Ferguson, director técnico del Manchester United desde 1986 hasta 2013, afirma que acepta consejos de todo el mundo, pero raramente los lleva a la práctica a menos que vengan de una persona quien, no importando el camino que haya recorrido mientras lo haya recorrido, sabe cuál es el precio de las consecuencias de sus decisiones, por lo que raramente dice tonterías.

Desde mi percepción, la empresa multinacional japonesa Sony, que es uno de los fabricantes más importantes a nivel mundial en electrónica (de consumo), no quiere alcanzar la perfección en su primer diseño, le interesa saber cómo reacciona el consumidor y así incorpora los comentarios de mejora en su siguiente creación.

No existe falta de tiempo, existe falta de interés. Cuando realmente quieres algo, el tiempo es irrelevante, la madrugada se vuelve día, el lunes se transforma en sábado y un momento se convierte en oportunidad.

No sólo desees tu objetivo, trabaja por él.

"¿En qué momento crecen nuestros hijos? En ninguno en particular. Asegúrate de estar presente en todos los momentos, día a día." Alex Villareal.

# LA IMPORTANCIA DE LA REVISIÓN SEMANAL

Tu plan de vida es lo más importante, sin embargo un gran riesgo que enfrentas es que no lo construyas adecuadamente por distracciones y la cantidad de actividades que tienes en tu día a día y sin darte cuenta te desvías, por lo que te sugiero hacer un alto en el camino para saber de manera consciente cómo estas en cuestiones personales y de trabajo.

Cuando escribí mi plan de vida por primera vez lo estuve revisando con mucha frecuencia el primer mes. Logré tener claridad y validar lo que quería, corroboré que mi propósito era claro y sólido.

Después empecé a revisarlo de manera semanal o quincenal, así que algunos domingos por las mañanas que estoy tranquilo reviso mi plan, lo cual me ha ayudado a enfocarme en las prioridades de mi vida.

Hay a quienes se les facilita dar seguimiento con mayor frecuencia que a otros, lo importante es tener claros los grandes objetivos y que logres pequeñas metas que lo construyan, las cuales aumenten tu confianza y entusiasmo para que sigas con las acciones necesarias y así alcances tu grandes metas.

**Vuelve a conectar con lo importante**
Seamos realistas, la vida pasa y hay muchas distracciones que nos hacen salir del camino trazado. Lo urgente sustituye a lo

importante. Si detecto que me he desviado de mi camino o si es que bajé la velocidad para lograr cierto objetivo, mi revisión semanal me permite reorientarme y enfocarme en las actividades que me agregarán valor.

## Revisa los avances

Es estar consciente de dónde vengo y que tan cerca estoy para llegar a dónde voy. Reconocer el progreso y avances da energía e impulso para pasar al siguiente nivel y así lograr las metas planteadas.

## Mira hacia adelante

Tener la dirección clara, apuntar adecuadamente hacia donde voy a corto y largo plazo. Saber qué viene en una o dos semanas. Me ayuda a mantenerme al día con proyectos a corto plazo y a tener en el radar las metas que me propuse para lo que resta del año.

## Actualiza y haz ajustes

Cuando empecé a escribir mi plan de vida y proyectos de negocios, no eran perfectos. De hecho me di cuenta de muchas cosas que simplemente no funcionaron conforme lo iba implementando. Son proyectos que van fluyendo conforme pasa el tiempo.

Por eso, hago los ajustes necesarios a las velas de mi barco dependiendo de las corrientes de aire, para que me lleven al puerto que quiero. Revisa con la frecuencia que consideres necesaria los detalles, y de ser posible date un espacio para una revisión trimestral y así analices el panorama de manera más amplia.

Por supuesto que destino tiempo a un análisis anual, usualmente ya que estoy de vacaciones en Navidad o Año Nuevo. Aquí me doy un tiempo para definir mis metas para el siguiente año. Esto me ayuda a mirar hacia adelante 1-3 años para asegurar que debo dedicar un tiempo considerable para aquellas áreas que he identificado como las más importantes en mi vida: Dios, mi esposa, mis hijos, el resto de mi familia, amigos, trabajo.

¿Con qué frecuencia revisas los planes de tu vida o negocios? Sin darte cuenta, se habrá ido un día más, otra semana, otro mes, ¡otro año!

Date cuenta que para tener el mayor impacto respecto a las cosas importantes, necesitas ser lo más específico y proactivo posible, de lo contrario simplemente estarás anteponiendo las prioridades de los demás en tu vida.

¿Qué buscas en la vida?
¿Quién quieres ser?
¿Cómo quieres que te perciban?
¿Qué fortalezas requieres para lograr tu sueño?
¿Cómo necesitas actuar?
¿Qué buscas lograr en tu trabajo?

# VISIÓN

En ocasiones las personas con quienes platico me dicen que no saben lo que quieren, y entiendo que hay momentos durante nuestras vidas en que tenemos incertidumbre o falta de claridad. Sin embargo hay quienes sí saben qué es lo que quieren pero no se mueven de su área de confort. Considero que el salirte de tu zona de confort te permitirá alcanzar tu visión. ¿Sabes qué es lo que quieres y cómo lograrlo?

Hazte consciente de algunos obstáculos que podrían estarte impidiendo visualizar y construir tu futuro:

1. Enfocas tu atención en el futuro inmediato en lugar del largo plazo, como pagar tus deudas, efectuar las actividades y cumplir los entregables del día a día en tu trabajo para obtener tu sueldo, satisfacer tus necesidades básicas; haces muchas cosas, pero no ves más allá de tu situación actual. No visualizas tu sueño que es más grande.

2. No te das tiempo para detenerte en tu día a día, lo cual es correr, hacer llamadas, ir y venir, enviar e-mails, discutir, hacer muchas cosas. Haz un alto para contemplar lo que quieres, escribe qué quieres, date espacio para aprender y hacer las cosas que te satisfacen. ¿Estás consciente de las posibilidades que puedes generarte? Cuanto más leas, platiques con gente y aprendas sobre los temas que te gustan, más inspirado estarás para que tu sueño o visión se convierta en una realidad.

Tu situación actual no es tu destino final. Dibuja tu futuro, plásmalo. La imaginación cambia todo. Construye una vida de la que no necesites unas vacaciones sino que cada día disfrutes el camino que avanzas.

Si deseas construir un edificio de 50 pisos, primero debes cavar 20 para los cimientos necesarios.

La vida tiene una vigencia, tú decides cómo vivirla.

# METAS

Si te propones tener metas, mejor ¡que sean grandes!

**Ten metas alineadas a tu propósito de vida,** así vives con sentido y es más fácil tomar tus decisiones.

En un estudio realizado por la Universidad de Harvard en los años cincuenta, se les preguntó a los estudiantes si tenían metas, casi todos dijeron que sí, sin embargo, sólo el 3 por ciento del grupo las había puesto por escrito. Treinta años después se retomó el estudio, y el 3 por ciento que había puesto por escrito sus metas tenía una fortuna mayor que el otro 97 por ciento. ¿Asombroso o sólo coincidencia?

La elección a la que te enfrentas es saber qué quieres ser, hacer y tener. Tienes que tomar decisiones respecto a en qué vas a destinar tu energía y cómo vas a pasar el tiempo; de lo contrario pasarán los años y estarás lamentándote de tu vida.

Greg Norman, golfista, dijo: "Fijarte metas en el juego es un arte. El truco está en fijarlas en el nivel adecuado, ni demasiado altas ni demasiado bajas".

Al lograr metas pequeñas, éstas te generan reconocimiento y motivación, por lo que aumenta aún más tu confianza y entusiasmo para buscar más retos. Establece pequeñas metas que vayan alineadas a una gran meta.

Imagina que tu meta es perder peso. Dicho así resulta bastante vago, ¿no? Utiliza el método SMART para que tus metas sean:

- *Specific (Específica)*. Define exactamente qué quieres lograr y enfócate en un objetivo concreto.

Ejemplo: Quiero perder 10 kilos en los próximos tres meses.

- *Measurable (Medible)*. Utiliza números, porcentajes… no importa qué, pero debe haber alguna unidad en la que puedas medir tu progreso para saber si lo lograste o no.

Ejemplo: 10 kilos (medida de peso).

- *Achievable (Alcanzable)*. Que esté bajo tu control. Que sea un reto que puedas lograr.

- *Realistic (Realista)*. Tú decides lo que puede ser realista y alcanzable para ti aunque no lo sea para otro.

Ejemplo: ¿10 kilos en los próximos tres meses es realista o te estás engañando?

- *Timed (Límite de tiempo)*. Fíjate una fecha para alcanzar tu meta. Si es una meta muy lejana te sugiero partir esa meta en metas más cortas para que midas los avances.

Ejemplo: 10 kilos en los próximos tres meses. Si lo divides en metas más cortas: 5 kilos el primer mes, 3 kilos el segundo mes, 2 kilos el tercer mes.

Escribe tu meta en tiempo presente, como si ya la hubieras alcanzado y siéntela al describirla.

Ejemplo: "Me siento muy satisfecho, es junio (ya pasaron tres meses), ya perdí 10 kilos y estoy estrenando ropa." Imagínate en tu habitación delante de tu espejo de cuerpo entero, con los jeans que querías ponerte.

Puntualmente en el caso de las dietas, no empieces una dieta que terminará algún día, mejor comienza un estilo de vida o hábito que dure para siempre.

Hablemos de tu SRA, que significa *Sistema Reticular Activador (Reticular Activating System)*, una pequeña parte del cerebro que es fundamental para ayudarte a alcanzar tus metas.

Tu cerebro recibe unos 2 millones de datos cada segundo, si pudieras absorber toda esa información, literalmente tu mente estallaría, por lo que sólo eres consciente de cierta información limitada.

Imagina que estás manejando en un centro comercial buscando dónde estacionar tu auto. Tu SRA trabaja para ti, ya que comienzas a enfocarte en la gente que camina lentamente, en las luces de freno que se prenden en los otros autos y en las luces de reversa, así como de todo tipo de detalles en los que no te fijarías y ahora lo haces porque necesitas un lugar dónde estacionarte.

Me acaba de pasar que necesitaba cambiar el mofle de la camioneta, por lo que requería encontrar quién diera ese servicio cerca de casa por comodidad. Afortunadamente, haciendo la búsqueda por varias fuentes como Google, las recomendaciones de conocidos y los lugares que recuerdo en mi mente dimos con un proveedor del servicio y efectuamos el cambio. En los días siguientes descubrí tres lugares donde dan ese servicio y lo curioso es que circulo por ahí todos los días sin estar consciente que existen esos locales. Me di cuenta de ellos por mi SRA, que se enfocó en satisfacer mi necesidad.

Lo mismo sucede cuando te fijas una meta que de verdad quieres alcanzar. Se te presentarán todo tipo de oportunidades y opciones que te ayudarán para que alcances tu meta, porque estarás enfocado en ello.

Abraham Lincoln dijo: "Cuando sabes qué quieres conseguir, cuál es tu meta, empezarás a darte cuenta de que, inconscientemente, te mantienes lejos de las personas y circunstancias que atacan continuamente lo que tratas de lograr. También buscarás inconscientemente y encontrarás la compañía de grandes personas que te apoyarán y te ayudarán a reconocer las oportunidades donde antes no había ninguna".

Para facilitar que cumplas tus metas dales sentido.

- Elimina los "debería" (deberías hacer pero no haces). Ej.: Debería perder peso.
- Analiza las razones de tus "debería". Ej.: Porque no es saludable exceder mi peso adecuado.
- Cambia el "debería" por "quiero". Ej.: Quiero perder peso.
- Define positivamente tu "quiero". Ej.: ¡Quiero adelgazar y sentirme cómodo!

Revisemos las características de una meta bien formada:

1. Que tu proyecto te llene. ¿Cuáles son las cosas que más te gustaría hacer o aprender, aquello que hace que tu vida tenga

más sentido?, ¿qué te motiva?, ¿qué te hace soñar y te impulsa a emprender?

2. Enuncia tu meta en positivo. Toda meta bien formada tiene que estar enunciada en positivo.

   En vez de decir: "jamás volveré a pagar renta" exprésalo: "voy a tener mi propia casa", o en lugar de: "no quiero estar gordo", dirás: "quiero estar en mi peso adecuado".

Inconscientemente eliminamos los NO, así que cuando le dices a un niño: "no se te vaya a caer el agua" lo estás incentivando para que se le caiga, por lo que sería mejor decirle: "toma con cuidado el agua de tu vaso".

La motivación es el resultado de plantearte metas en positivo, metas como: "quiero tener mi cuarto arreglado", mientras que el estrés es resultado de plantearte las metas en negativo como: "ya no quiero ver tiradero en mi cuarto". En lugar de decir: "no quiero llegar tarde", piensa en: "voy a llegar con tiempo suficiente". Es muy simple, sin embargo, estamos acostumbrados a pensar anteponiendo la palabra "no" en lugar de pensar la acción positivamente.

Es muy importante plantearte lo que quieres alcanzar en positivo, si la habías puesto en negativo es momento de modificarla.

3.  Que esté en tus manos. Es vital que esté a tu alcance y en tus manos lograr tu proyecto, porque en caso de que no lo esté sólo te generará frustración.

4.  Indicador de cumplimiento. ¿Cómo sabrás que ya lo lograste?, ¿cuál será el indicador?

En resumen, para que tu meta esté bien planteada:

1.  ¿Te llena?
2.  Escríbela en positivo.
3.  ¿Está en tus manos?
4.  ¿Con qué indicadores sabrás que ya lo lograste?

Ahora haz tu meta SMART (Específica, Medible, Alcanzable, Realista, Límite de Tiempo).

Ejemplo: Es junio, he bajado 10 kg, ahora peso 75 kg. Me veo en el espejo de mi cuarto, con una camisa y jeans nuevos talla 31, me siento más sano.

Escribe tu meta siguiendo esos pasos:

_______________________________________________
_______________________________________________
_______________________________________________
_______________________________________________
_______________________________________________
_______________________________________________

Antes de iniciar otro proyecto o ponerte otra meta, date tiempo de disfrutar y agradecer lo que has logrado… agradecerle a Dios, a tu familia, a tus amigos y a todas aquellas personas que han sido parte de tu logro… que fueron equipo contigo… Recuerda que un GRACIAS siempre será bien recibido.

Considera cuatro perspectivas al trabajar en tus metas:

1. Usa tus fortalezas y las de la gente cercana a ti.
2. Aplica la razón y sigue los pasos lógicos para plantearla.
3. Busca apoyo, ¿a quién puedes consultar o pedir ayuda?
4. Confía en tu intuición, ¿qué es momento de considerar?

"Si quieres algo, ve y consíguelo. Punto." Chris Gardner.

Para abrir nuevos caminos hay que inventar, correr riesgos, experimentar, equivocarse y divertirse.

# DESAFÍOS

Los japoneses siempre han gustado del pescado fresco pero las aguas cercanas a Japón no han tenido muchos peces por décadas, así que para alimentar a la población japonesa los barcos pesqueros fueron fabricados más grandes para ir mar adentro y poder traer alimento.

Mientras más lejos iban los pescadores, más era el tiempo que les tomaba regresar a entregar el pescado, por lo que si el viaje tomaba varios días el pescado ya no estaba fresco, así que para resolver el problema las compañías instalaron congeladores en los barcos pesqueros, así podían pescar y poner los pescados en los congeladores. Sin embargo, los japoneses pudieron percibir la diferencia entre el pescado congelado y el fresco y como no les gustaba el congelado tenían que venderlo más barato.

Entonces las compañías instalaron tanques para los peces en los barcos, así podían pescar a los peces, meterlos en los tanques y mantenerlos vivos hasta llegar al puerto. Pero después de un tiempo los peces dejaban de moverse en el tanque, estaban aburridos y cansados. Los consumidores japoneses también notaron la diferencia del sabor porque cuando los peces dejan de moverse por días, pierden el sabor fresco.

Si las compañías japonesas te pidieran asesoría ¿qué les recomendarías?

Tan pronto una persona alcanza sus metas, tales como empezar una nueva empresa, pagar sus deudas, encontrar una pareja, o lo que sea, empieza a perder la pasión. Ya no necesita esforzarse tanto así que se relaja.

Las personas prosperan más cuando hay desafíos en su medio ambiente.

Para mantener el sabor fresco de los peces, las compañías pesqueras ponen a los peces dentro de los tanques pero ahora también hay un pequeño tiburón. Claro que el tiburón se come algunos peces, pero los demás llegan vivos y muy activos. ¡Los peces son desafiados! Tienen que nadar durante todo el trayecto dentro del tanque para mantenerse vivos.

Cuando alcances tus metas proponte otras mayores. No te duermas en tus laureles y éxitos. Mete un "tiburón a tu tanque" y descubre qué tan lejos realmente puedes llegar. Unos cuantos "tiburones" te harán conocer tu potencial, que no te asusten sus "dientes ni sus trampas"...tú sigue alerta, pero siempre "fresco". Siempre habrá tiburones a donde vayas...

Todos tendremos dificultades y serán bienvenidas si las sabemos mirar como oportunidades para encontrar nuevos caminos, para escuchar otras opiniones, para aprender nuevas maneras de ver la vida y sacar lo mejor de nosotros mismos.

# ¡LÁNZATE Y NADA!

Ahora que mis hijos tienen 6 y 4 años han asistido a clases de natación para aprender a flotar y nadar. En lo personal lo considero muy importante como parte de su formación y es un seguro de vida en caso de caer en una alberca, pero qué mejor que sea para que puedan disfrutar del agua, ejercitarse y convivir con más niños.

Haciendo una analogía, por más que les explique la teoría, cómo deben de aguantar la respiración cuando estén sumergidos en el agua, cómo mover sus brazos y piernas para flotar, evitar hundirse y trasladarse de un lugar a otro en la alberca, no será suficiente hasta que ellos vivan la experiencia de entrar a la alberca y conozcan la realidad. Qué mejor que puedan estar con gente capacitada para que los acompañe en esta experiencia y así puedan aplicar la teoría en la práctica.

Es impresionante que mis hijos hayan aprendido a nadar tan rápido, y posiblemente pienses que porque son niños ellos aprenden a mayor velocidad que los adultos.

En mi experiencia lo que veo en ellos es que tienen la apertura y disfrutan la experiencia, estando ahí dentro del agua viviendo los retos con la confianza que tienen en sí mismos, sabiendo que hay alguien cerca que los apoya en caso de ser necesario. Te toca a ti ¡lánzate y nada, es tu sueño!

No existen las circunstancias perfectas, no esperes y crea las circunstancias hoy. Al estar escribiendo este libro recordé que cuando quiero, ¡puedo!

"Saber no es suficiente, debemos aplicar lo que sabemos. Querer no es suficiente, debemos hacer."

Johann Wolfgang Von Goethe (1749-1832).

Los pequeños cambios son los que te hacen llegar al éxito.

# CAMBIO Y TRANSICIÓN

El cambio es un evento externo a nosotros, es algo situacional. Sucede cuando algo deja de existir o cuando algo nuevo comienza. El cambio es una constante y sucede a lo largo de nuestra vida. El cambio puede ser bienvenido o no, esperado o inesperado, algo que quisieras o que no querías que pasara. En casa, el cambio puede considerar la llegada de un hijo o algún miembro de la familia, la pérdida de alguien o el mudarse a otra ciudad. En el trabajo, cambios organizacionales pueden ser resultado de influencias internas o externas, pueden considerar un nuevo puesto, alguna adquisición o fusión de empresas, un nuevo Director General o CEO, el final de algún proyecto, algún compañero que se retira, el lanzamiento de un nuevo producto, la incorporación de alguna tecnología nueva o el anuncio de alguna nueva política.

La transición es el proceso interno que tenemos como resultado del cambio. Se podría definir como el proceso gradual de reorientación interna que tenemos para adaptarnos a un cambio externo. Puede comenzar cuando nos enteramos de un cambio o incluso antes de que el cambio suceda.

El Cambio y la Transición son diferentes. El cambio comienza con un evento específico que sucede fuera de nosotros y el foco es la implementación de ese evento. La transición es el proceso interno que vivimos mientras nos adaptamos al cambio. La transición comienza al dejar las formas de como se hacía antes y progresa al identificar nuestras actitudes, pensamientos y sentimientos, para generar acciones positivas y movernos en el proceso. La transición comienza en donde estamos y no dónde quisiéramos estar o finalizar. La transición considera lo que debes dejar de hacer y cómo adaptarte para ser exitoso con el cambio. Cuando cierras una puerta, abres otra. Para que el cambio sea exitoso, la transición debe ser exitosa.

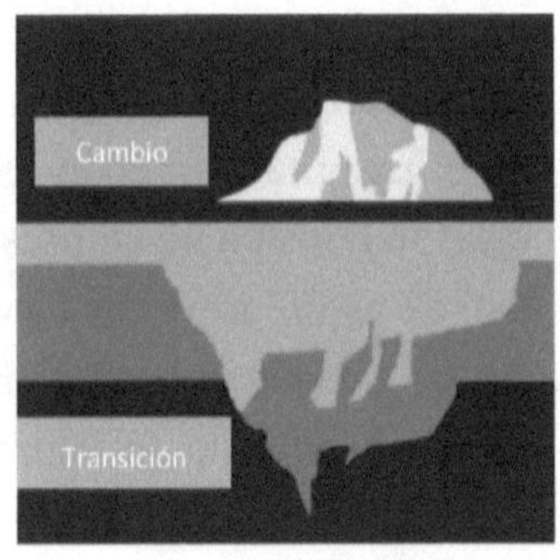


El cambio no duele, duele la resistencia al cambio que es tu transición personal al cambio, ya que te puede hacer sentir sin control de la situación, amenazado y sin seguridad. Te faltará información sobre las implicaciones del cambio, con riesgo de fallar en el nuevo comienzo y sin familiarizarte en ese nuevo mundo.

Haz una lista de qué está cambiando en tu contexto y pregúntate: ¿Qué pierdes? ¿Qué debes dejar ir? ¿Qué habilidades te ayudarán a avanzar? ¿Cómo y cuándo tomarás esas decisiones?

Es importante que tengas control y pidas apoyo para asumir tus nuevas situaciones, responsabilidades o proyectos.

Cuando comienza un cambio, tu transición requiere adaptarse. Aquí algunos ejemplos:

| **Cambio** | **Transición** |
| --- | --- |
| Nueva situación | Nueva manera de entenderlo |
| Nuevos sistemas o procesos | Aprende diferentes maneras de hacer las cosas |
| Nuevo puesto o trabajo | Actitud positiva a las actividades por desempeñar |

- Sé flexible y ten apertura a cambios y ajustes.
- Detecta oportunidades y haz un plan.
- Mantente enfocado en los objetivos y evita distractores.
- Identifica logros que puedas tener de manera rápida.
- Ten claro en qué debes ser diferente ahora.

# VALORES

¿Qué es realmente valioso para ti?, ¿qué te sostiene?

Espero que cuando logres tu meta lo hayas hecho de una manera que te deje satisfecho. Tus valores son tuyos y solo tuyos, son las normas bajo las cuales eliges vivir. La meta es "QUÉ" queremos lograr. Los valores son "CÓMO" lo logramos.

Meta = Qué        Valores = Cómo

¿Con qué valores te identificas? ¿Cuáles agregarías? Aquí te comparto solo algunos:

**Integridad:** ¿La verdad es prioridad para ti?
**Gratitud:** ¿Ser agradecido representa una parte importante en tu vida?
**Respeto:** ¿Aprecias, reconoces, comprendes al otro? ¿Valoras sus intereses y necesidades?
**Salud:** ¿Tienes y das calidad de vida? ¿Buscas el bienestar propio y de los demás?

Haz hoy las acciones por las que tu "yo" de mañana estará agradecido.

Si el niño que fuiste se topara con quien eres ahora, ¿qué pensaría de ti?

# PERSEVERANCIA

Cuando pienses renunciar, recuerda por qué comenzaste.

La perseverancia es un esfuerzo continuo, supone alcanzar lo que te propones y buscar soluciones a las dificultades que puedan surgir. Es un valor fundamental en la vida para obtener un resultado concreto.

Perseverar no significa repetir lo mismo una y otra vez. Observa y escucha más, todo tiene algo que enseñarte. Ten el valor de analizarte y cambia tus hábitos. Aprovecha cada día, disfruta el presente.

"Al plantar un bambú chino, no notas nada durante el primer año ya que no le sale nada. Lo mismo pasa el segundo, el tercero y el cuarto; sin embargo, en el quinto año en un lapso de 6 semanas, el bambú crece hasta alcanzar 30 metros de altura. ¿Creció 30 metros en 6 semanas o en 5 años? La perseverancia recompensa." Frank Dick

No pierdas el rumbo, mantente enfocado en las metas esenciales que quieres para el futuro que deseas. Si las acciones que vas a efectuar contribuyen y te acercan, estás en lo correcto.

Las creencias que tienes están en tu subconsciente y llevan años en ti, por lo que aunque desees un cambio, éste no se da porque tu subconsciente mantiene las creencias arraigadas en ti, y tratará de mantenerte en tu zona de confort, que es donde estás acostumbrado a estar; de ahí la importancia de hacer nuevos hábitos y así cambiarlo.

Cuando has trabajado para alcanzar tus metas, muy seguramente te has enfrentado a rechazos o tropiezos. Es una realidad; aprende de ello; modifica lo que sea necesario y sigue adelante.

Eres tan perseverante en tantas cosas y aspectos de tu vida que, como consecuencia, tienes lo que tienes hoy. Lo que eres, haces y tienes hoy ¿es lo que quieres? Si no obtienes los resultados deseados, no sigas haciendo lo mismo. Si tú cambias, todo cambia.

¿Qué quieres cambiar?

______________________________________________

______________________________________________

______________________________________________

______________________________________________

______________________________________________

______________________________________________

______________________________________________

______________________________________________

______________________________________________

______________________________________________

# VISUALIZACIÓN

"Quien no tiene imaginación, no tiene alas." Muhammad Alí.

El entrenador del equipo de basquetbol de la Universidad de California en Los Ángeles, dividió a sus jugadores en tres grupos y a cada grupo le asignó diferentes actividades después de su entrenamiento habitual.

El primer grupo no tenía que hacer nada, el segundo grupo practicaba tiros de la línea al aro, y el tercer grupo iba al vestidor donde los hacia permanecer sentados en silencio con los ojos cerrados, imaginando lanzar la pelota a la canasta, sintiendo la pelota en sus manos y escuchando el sonido al pasar por el aro con las emociones que sentían cuando encestaban.

Los tres grupos hicieron la misma actividad durante un mes. El entrenador organizó una competencia para ver cuál de los tres grupos marcaba más puntos consecutivos. Hizo que cada jugador hiciera 100 lanzamientos y luego calculó el puntaje de cada grupo. ¿Adivinas qué grupo fue el ganador? El equipo que había hecho el ejercicio de **visualización**. Para comprobar que el resultado no fuera pura casualidad, el entrenador amplió un mes más la prueba, y el grupo que se entrenaba mentalmente ganó por un marcador incluso superior.

El resultado se debió simplemente al poder de la mente al utilizar imágenes de éxito. El trabajo mental es igual o aún más importante que la preparación física en una competencia o para esa reunión de trabajo tan relevante que tienes.

Cuando visualizas tu "historia futura", te enfocas en lo que has hecho y lo más importante es que **contactas tus emociones que se centran en lo que has conseguido**. Si no puedes entusiasmarte con tus logros, ¿quién lo hará?

Repite el ejercicio de visualización o tu "historia futura" tan frecuentemente como te sea posible imaginando que alcanzas tu meta. Esta técnica funciona reforzando los senderos mentales de tu cerebro que ocupas para ejecutar tus acciones. Es como caminar a través de un campo, la primera vez que lo haces sólo dejas una ligera huella de tu andar, pero si recorres el mismo camino dos, tres o cuatro veces al día, esa huella se hará más clara y fuerte, hasta que dejas un surco.

Imagina que estás en el futuro a 6 meses o 3 años de hoy, y que estás recordando:

1.  ¿Cómo es tu familia?, ¿con quién vives?
2.  ¿Dónde vives? Describe tu casa.
3.  ¿Qué haces en tu trabajo?, ¿cómo te ha ido?, ¿dónde trabajas?
4.  ¿De qué estas orgulloso y por qué?

_______________________________________________

_______________________________________________

_______________________________________________

_______________________________________________

Donde está tu atención está tu realidad. Ahora reflexiona y pregúntate, si lo que estás haciendo te está llevando a dónde quieres estar. ¿Qué debes comenzar a hacer?, ¿qué debes dejar de hacer?

Trabaja desde el resultado final hacia atrás, lo que te permitirá clarificar los principales pasos que debes efectuar para alcanzar tu meta y anótalos para que puedas tenerlos visibles para validar tus avances con los pequeños pasos diarios para acercarte a tus metas.

"Mis intereses están en el futuro, porque voy a pasar el resto de mi vida allí". Charles Kettering, inventor y consultor de empresas.

Vuelve a tu meta SMART y visualízate. Imagínate alcanzando tus metas, y luego haz todo lo que puedas para pensar en ellas con detalles claros y precisos. Repite este ejercicio donde quieras y cuantas veces puedas; cuanto más lo hagas más probable es que tu meta se haga realidad.

Soñar y hablar no sirven de nada sin actuar.

# CREENCIAS

Las pulgas tienen la capacidad de saltar hasta 100 veces su altura. Pueden realizar saltos de altura que son comparables en proporción a una altura por encima de un rascacielos de 70 pisos.

Si metes una pulga en un vaso y lo tapas con una servilleta, la pulga intentará salir varias veces sin éxito porque la servilleta lo impide, y aunque es capaz de saltar mucho más arriba, nunca más en toda su vida volverá a superar la altura entre el vaso y la servilleta. De esta manera las controlan y entrenan en los circos de pulgas.

¿Cuál será el límite que requiere una persona para rendirse? El doctor Martin Seligman, de la Universidad de Pensilvania, experimentó con un grupo de voluntarios quienes ingresaron en un cuarto con ocho puertas, las cuales estaban cerradas. Hicieron sonar un ruido ensordecedor en el interior del cuarto por lo que todos los voluntarios trataron de salir por alguna de las puertas, pero no lo lograron ya que estaban cerradas, así que volvieron a sentarse soportando el desgastante sonido. Mientras comenzaron a sentarse el doctor Seligman quitó el seguro a las ocho puertas para que pudieran salir cuando lo desearan. ¿Sabes cuántas personas intentaron de nuevo abrir alguna de las puertas en las siguientes 3 horas con ese ruido ensordecedor? Ninguna, habían aprendido a quedar impotentes después de un único intento.

Lo importante de estos experimentos es que **todos creemos en ciertas cosas, y esas creencias impulsan nuestros actos y nuestra conducta para producir ciertos resultados.** Son nuestras propias convicciones las que deciden si tendremos éxito. La fórmula es sencilla: Si cambias lo que crees, cambias la conducta al instante, y por lo tanto, cambias los resultados que cosecharás.

Creencia = Conducta = Resultado
Si cambias lo que crees, cambiarás tus resultados.

A lo largo de tu vida muy probablemente distintos obstáculos te han impedido tener éxito, el problema es que sigan en el interior de tu cabeza, lo que hace que te crees y te fijes límites, convenciéndote que es imposible ir más allá.

Una vez que te demuestres que es posible romper estas barreras, comprenderás que eran autoimpuestas. En realidad no existían.

"En 1954 el record del mundo para correr una milla era de 4 minutos y 1.4 segundos. En opinión de muchos expertos, correr en menos de cuatro minutos la milla era una barrera imposible de lograr ya que sabían que dada la fisonomía de una persona no se podía correr tan rápido. Al día de hoy más de 950 atletas han corrido una milla en menos de 4 minutos, logrando lo que antes se creía imposible." Damian Hughes.

Hay experiencias que son parteaguas. Tengo conocidos que se han volteado en el auto o que vivieron una situación crítica que los sacudió y los hizo valorar la vida. Otros han estado en terapia intensiva por una carga de trabajo y presiones excesivas, al salir de ello pudieron ver que hay cosas más importantes en la vida que el dinero. ¿Qué ciclos son necesarios que concluyas? Es tu decisión. ¿Qué barreras y límites tienes en la mente?

Los triunfadores comprenden que "ves lo que crees". Entonces, cree lo que más te servirá para vivir la vida que quieres.

Identifica los obstáculos que te impiden alcanzar alguna de tus metas y a un lado escribe cómo los podrás superar al estar enfocado, con esfuerzo y apoyándote en otras personas. Pon en tela de juicio tus propias ideas.

Un mono vio un pez en el agua, por lo que lo sacó pensando que le salvaba la vida, obviamente el pez murió.

Suelta las viejas ideas de tu mente como el árbol que suelta sus hojas secas cuando ya no las necesita.

"Si piensas que puedes, o crees que no puedes, tienes razón y estás en lo correcto." Henry Ford.

# IMPORTANTE Y URGENTE

"Si deseas conocer tu vida pasada, observa tu situación actual. Si deseas conocer tu vida futura, observa tus actos actuales". Proverbio Budista.

Dos factores determinan la manera en que pasas el tiempo: Las tareas importantes son aquellas que te acercan a cumplir tus objetivos y metas, ya sea a corto o largo plazo; y las tareas urgentes que requieren atención inmediata (debo hacerlo y ¡debo hacerlo ya!). Con ellas ponemos a prueba nuestra capacidad de respuesta.

La matriz de Stephen Covey te permite analizar tu situación:

|  | **URGENTE** | **NO URGENTE** |
|---|---|---|
| **IMPORTANTE** | Problemas apremiantes. Proyecto de última hora. Crisis. Lo relevante para seguir funcionando. Preparaciones de último momento.<br>**ACTUAR**<br>**ENFOCATE A RESOLVERLO** | Planeación. Desarrollo Personal. Mejorar habilidades. Establecer relaciones. Visualizar el futuro. Oportunidades.<br>**PENSAR**<br>**AGÉNDALO Y PLANEA** |
| **NO IMPORTANTE** | Reportes. Responder Mails o Llamadas imprevistas. Reuniones. Informes. Cuestiones inmediatas.<br>**DELEGAR**<br>**ALGUIEN LO HAGA POR TI** | Actividades sin objeto definido. Distracciones. Trivialidades. Mail o mensajes de voz. Internet "social"<br>**CONSIDERAR**<br>**PUEDES DECIR NO** |

- Si una tarea es importante y urgente, céntrate en ella y cúmplela lo antes posible.

- Si una tarea es importante pero no es urgente, planéala con calma para que la implementes en un tiempo definido.

- Si una tarea es urgente pero no importante, intenta delegarla en otros o bien resolverla.

- Si una tarea no es urgente ni es importante elimínala o déjala para el final, cuando hayas terminado las de mayor prioridad.

Cuanto más tiempo inviertas previniendo incendios, menos tendrás que pasar apagando fuegos. Esto es gracias a que planificas, innovas, te preparas y te anticipas a los problemas antes de que estén fuera de control. Dedica intencionalmente gran parte de tu tiempo a prevenir posibles eventualidades y a definir prioridades.

Sir Clive Woodward, entrenador que llevó a Inglaterra a ganar la Copa Mundial de Rugby en 2003, introdujo el sistema de entrenamiento *T-CUP, Total Control Under Pressure (Control Total Bajo Presión)*. Consiste en poner bajo gran presión a los jugadores en distintas situaciones y así enseñarles a controlar sus emociones para que no los domine el pánico.

Partiendo de la meta que tenían los jugadores de ganar la Copa Mundial, Woodward les explicaba que si perdían el control perderían la disciplina. Si perdían la disciplina, perderían ventaja al tener faltas en contra. Si perdían ventaja por las faltas en contra, perderían partidos. Si perdían partidos, perderían la Copa Mundial. Con estos términos los jugadores comprendieron la razón de establecer prioridades. Dio un ejemplo perfecto de priorización.

Enfócate en tus tareas más importantes, evita dejarlas hasta el final del día. Calendariza tu día, te permite organizarte y tener visibilidad para prepararte.

Las cosas que más importan no deben quedar nunca por debajo de las que menos importan. Planifica tu vida, ¡es tu vida!

¿Estás atendiendo las cosas más importantes?, ¿en qué quieres enfocarte?

No te mates trabajando para darle lo mejor a tus hijos. Dedícales tiempo y amor, para que cuando crezcan no recuerden los juguetes caros sino los momentos y experiencias que pasaron contigo y así sabrán el valor real de las cosas importantes. No gastes la vida en comprar cosas.

No se logran más cosas por trabajar más horas. Los logros llegan cuando tienes un plan.

El dinero no se gana trabajando, se gana pensando. Si sólo se ganara trabajando, los que trabajan de 6:00 am a 11:00 pm ya serían millonarios.

# CON QUIEN ANDAS

Lograr tu objetivo tiene que ver con la actitud y el efecto que genera la gente a tu alrededor. En un equipo, un único miembro no apropiado puede minar la energía de todo el equipo. Algunas personas no son adecuadas para trabajar en una situación bajo mucha presión. Rodéate de personas que no te limiten, que te permitan ser tú.

Existen dos grupos de personas: los que minan la energía y los que infunden empuje y ánimo.

Los que minan la energía son los que piensan en probabilidades, y sus características más representativas son que vacían, desgastan, debilitan y agotan.

Los que infunden empuje y ánimo son los que piensan en posibilidades, caracterizándose en impulsar, ser eficientes, son fuertes, resistentes y se esfuerzan.

Nos volvemos como las personas con quienes pasamos la mayor parte del tiempo. ¿Eres de los que piensa en probabilidades o en posibilidades?

El doctor Wayne Dyer, sociólogo estadounidense, cree que todos pertenecemos a una serie de diferentes tribus, en casa, en el trabajo y en la sociedad. Cada tribu actúa dentro de ciertas normas y tradiciones. Algunas son necesarias ya que garantizará que la tribu sobreviva, pero muchas de ellas impedirán el avance de la mayoría de las personas con talento, ya que la tribu se mueve al ritmo de la persona más lenta. Con un miembro del equipo cansado o débil el bote solo irá tan rápido como él lo permita.

Piensa en ti mismo. Si tuvieras que hacer una lista de las personas con quienes pasas más tiempo ¿dirías que son de las que piensan en posibilidades? Que lo habitual es que digan: ¡Sí, suena bien! porque les encanta responder a los retos y son de las personas que ven el potencial y lado bueno de las cosas.

La gente que te rodea es tan importante como tu propio enfoque mental. Mientras más viejo me vuelvo, más entiendo el valor de cultivar tu círculo y sólo dejar entrar a ciertas personas. Comprende que no todo mundo merece un asiento en la mesa de tu vida. El secreto del éxito de muchas personas ha sido rodearse de mejores personas que uno mismo.

Debes saber qué quieres lograr, escríbelo y observa lo que has apuntado. Identifica quién eres. Define de dónde vienes y a dónde vas. Investiga todo lo que tenga que ver con lo que quieres lograr. Ajusta tu sueño de acuerdo al contexto de tu vida, así podrás comprender por qué quieres alcanzar tu meta.

Deja ir, lo que retienes te detiene. Deja ir cosas, lugares, situaciones o gente que te detiene. Disfruta mientras avanzas, aprenderás bastantes cosas.  Lo que no dejas ir, lo cargas. Lo que cargas te pesa. Lo que te pesa te hunde.

# FRACASOS

Una característica de la gente que ha sido exitosa es su capacidad de eliminar la palabra "fracaso" de su vocabulario. Despeja de tu mente los "no puedo" y actúa como si no existiera.

James Peter 'Jimmy' Greaves es un exfutbolista inglés. Hasta el 2015 el máximo goleador del club londinense Tottenham Hotspur, con 266 goles en 379 partidos. Jimmy logró el record de anotar 49 goles y en la misma temporada tuvo el record de más tiros fallados. Tenía claro que no anotaría si no lo intentaba.

"Perder no es una pérdida de tiempo, es un aprendizaje. Un fracasado es quien se ha equivocado y no ha aprendido nada de la experiencia; el fracaso es una actitud, no un resultado". Greg Norman.

"Algún tipo de falla o fracaso siempre ocurre antes del éxito. No abandones". Alex Villareal.

Escucha tu voz interior, los psicólogos lo llaman "diálogo interior". En promedio hablas contigo más de 10,000 veces al día. ¿Cuántas de las cosas que te dices son positivas y cuántas negativas? ¿Cuántas veces te dices "No puedo hacerlo"? Tu diálogo interior es clave para alcanzar tus metas.

Empieza por observar lo que te dices a ti mismo y cambia tus frases de "No puedo" por "No quiero". ¿Notas la diferencia? Es tu elección. Afirma lo que "decido hacer… o bien decido no hacer…". Empieza a cambiar tu lenguaje. Habla en primera persona, eso te responsabiliza.

Recuerda una situación en la que las cosas no salieron como lo esperabas. Pregúntate:
¿Qué aprendí de esta situación?
¿Haría algo diferente la próxima vez?
¿Qué consecuencias se dieron por mi respuesta?
¿Qué cosas positivas hay de esta situación?
¿Qué implicaciones tendrá esto en un par de meses?

El éxito es como la punta de un iceberg, es lo único que la gente puede ver. Lo que no ven es lo que está debajo del agua, como la dedicación, el trabajo duro, los hábitos, los sacrificios, la persistencia y decepciones que han sucedido para lograr ese éxito.

Algún día dirás: "No fue fácil pero lo logré". No te quedes sin intentarlo.

# APRENDIZAJES EN LA VIDA

Hace poco tuve la oportunidad de conversar con un buen amigo de 85 años, y mientras platicábamos me comentaba que él ha visto a mucha gente ser exitosa en distintos aspectos y otros que han vivido fracasados, por lo que le pregunté cuáles eran sus grandes aprendizajes en la vida, a lo que después de pensar un momento me respondió:

**1. Encuentra a quién amar.** "Para una vida feliz encuentra a alguien con quien quieres pasar toda tu vida. Ya que la encuentres, trátala muy bien. Tu éxito y felicidad dependerán completamente de sus éxitos y felicidad". Luego dijo...

**2. Pasa tiempo en familia.** "Pasa tiempo con tu esposa e hijos, pero también destina tiempo con toda tu familia extendida. Es bueno convivir en fines de semana, vacaciones y días festivos con quienes has crecido y convivido". Después dijo...

**3. Se tú mismo.** "No trates de ser alguien más. No seas alguien que otra persona quiere que seas. Se tú mismo". Y una más ...

**4.** No es suficiente acumular experiencia en la vida o educación o dinero o sabiduría. Si realmente quieres que tu vida tenga sentido, **comparte con los demás.** Nuestra vida cobra relevancia a medida que somos capaces de provocar cambios en otros seres humanos.

Como te comenté, uno de mis objetivos de escribir este libro es compartir, por lo que si has leído hasta aquí, quiero darte las gracias por leerme. Sin que estés consciente me has ayudado a realizar mi objetivo y espero que con lo que te has cuestionado, logres provocar los cambios que necesites.

Ahora bien, ¿qué tan satisfecho estás en tu vida con las recomendaciones de mi amigo?

1. Encuentra a quién amar.
2. Pasa tiempo en familia.
3. Se tú mismo.
4. Comparte con los demás.

¿Qué quieres hacer al respecto?

_______________________________________________

_______________________________________________

_______________________________________________

_______________________________________________

_______________________________________________

_______________________________________________

Todos hablan de dejar un mejor planeta a nuestros hijos, te propongo el dejar mejores hijos al planeta con el ejemplo que vean en ti.

"El odio daña a quien odia, nunca al odiado".

Mahatma Gandhi.

# SÉ REALISTA

Jack Ma, el tenaz fundador de Alibaba que es uno de los mayores gigantes de comercio electrónico y servicios en línea del planeta, ha sido clave en el éxito de la empresa. Este carismático directivo nacido en 1967, llamado en realidad Ma Yun, es muy admirado en su país por el espíritu emprendedor con el que formó su imperio, ya que para conseguirlo se apoyó en la iniciativa privada y en el empuje de las empresas medianas chinas. Es el empresario más rico y famoso de China.

Uno de sus mayores ídolos es Forrest Gump, el personaje interpretado por Tom Hanks en los años noventa, ya que recuerda ser "realista" pero sin olvidar ser "optimista". "Hoy es difícil, mañana puede que sea más difícil, pero el siguiente es un buen día".

Te comparto uno de los mensajes que él ha publicado:

"No te preocupes, todos los errores que tengas son grandes ganancias para ti.

Antes de cumplir 20 años, sé un buen estudiante. Antes de ser emprendedor obtén experiencia.

Antes de cumplir 30 años, sigue a alguien. Ve a una pequeña empresa donde aprendes la pasión y sueños, aprendes a hacer muchas cosas al mismo tiempo. En las grandes compañías aprendes procesos y formas parte de una gran máquina. Así que antes de los 30 no se trata de en qué compañía estás sino a qué jefe sigues, es muy importante. Un buen jefe te enseña a pensar diferente.

De los 30 a 40 años, piensa claramente que estás trabajando para ti mismo si realmente quieres ser emprendedor.

De los 40 a 50 años, dedícate en lo que eres muy bueno, no intentes saltar a un área nueva ya que es demasiado tarde, puede ser que tengas éxito pero las probabilidades de fallar son muy altas. Así que de los 40 a 50 piensa en cómo enfocarte en las cosas que haces bien.

Cuando estés entre los 50 y 60 años trabaja para los jóvenes, porque los jóvenes lo pueden hacer mejor que tú, así que confía en ellos, invierte en ellos, asegúrate que están bien, cuídalos.

Cuando tengas más de 60 años, utiliza el tiempo para ti. Disfruta el sol, la playa, es muy tarde para cambiar.

Así que, como recomendación, si tienes 25 años, comete errores suficientes, no te preocupes. Si te caes, te levantas. Disfruta, tienes 25 años, disfruta el show."

Jack Ma. Fundador de Alibaba.

De acuerdo a tu momento de vida, ¿qué quieres hacer al respecto?

A lo mejor no tienes la vida que soñaste pero posiblemente tienes la vida que muchos quieren, sé agradecido.

# DECISIONES

Toda decisión tiene implicaciones. Dale prioridad al largo plazo sobre el corto plazo. Cuando eliges algo, rechazas otras cosas. La sabiduría consiste en elegir los bienes mayores a cambio de los menores.

Casarte implica renunciar a muchas libertades que antes tenías y tener un hijo implica responsabilidades aún mayores. Pese a ello compartir sueños y proyectos con la persona a quien amas y tener un hijo es una bendición que llena la vida de sentido, y más si son dos hijos como en mi caso.

Sucede con tu vida, con tu familia y con tu equipo de trabajo. Ya que has decidido qué es lo esencial, enfócate y evita distractores para que así lo logres.

Eres más efectivo y pones más entusiasmo si las actividades van de acuerdo a tu forma de ser. Eres más productivo y gastas menos energía. Procura que de tus actividades diarias, al menos la mitad de ellas sean cosas que te apasionan. Si tienes que hacer cosas que te aburren, cambia tu enfoque u organízate para intercalarlo con lo que te gusta, influirá poco a poco en tu estado de ánimo.

Disfruta de tus actividades, es la mejor manera de invertir tu tiempo. La felicidad no es una meta, la felicidad es el camino. Dale un sentido profundo a cada acto que realizas y hazlo con pasión.

Cuando estés presentando tu proyecto, dando ese taller o visitando a tu cliente, solo vive cada instante en esa experiencia, deja de pensar en el reconocimiento o la medalla. Pon tu entusiasmo y esfuerzo al 100%, asegúrate de que haces lo mejor.

Una buena manera de saber si tu decisión es la correcta, es preguntarte si serás capaz de explicarla. Cuando sabes que tu decisión será juzgada como justa o injusta, debes plantearte qué explicación vas a dar, teniendo los suficientes argumentos para explicar las razones por las que tomaste esa decisión.

# INTELIGENCIA EMOCIONAL

Cuando una empresa busca gente talentosa, contratan a los directores generales y al resto del personal por su intelecto y habilidades; sin embargo, en muchas ocasiones los despiden por su falta de inteligencia emocional, es decir, la autoconciencia, la autogestión, la conciencia social y la capacidad de gestionar relaciones.

## AUTOCONCIENCIA

El Oráculo de Delfos hace miles de años aconsejaba "Conócete a ti mismo". La autoconciencia implica comprender en profundidad las emociones, los puntos fuertes, las debilidades, las necesidades y los impulsos de uno mismo. La gente con una gran autoconciencia no es ni demasiado crítica ni excesivamente optimista sino sincera consigo misma y con los demás. El individuo que posee un alto grado de autoconciencia reconoce cómo afectan sus sentimientos a si mismo, a los demás y a su rendimiento laboral.

La autoconciencia abarca la concepción que tiene la persona de sus valores y sus objetivos. Una persona muy autoconsciente sabe hacia dónde se dirige y por qué; así que, por ejemplo, se mostrará firme al rechazar una oferta laboral que resulte tentadora desde un punto de vista económico pero no encaje con sus principios u objetivos a largo plazo. Una persona que carezca de autoconciencia podrá tomar decisiones que provoquen un conflicto interno por entrar en contradicción con sus valores. "Me ofrecían bastante dinero así que acepté, pero dos años después de haber empezado en el nuevo puesto me aburro". Las decisiones de la gente autoconsciente concuerdan con sus valores; en consecuencia el trabajo les resulta estimulante a menudo.

La autoconciencia también puede identificarse durante las evaluaciones de desempeño. La gente autoconsciente está al tanto de sus limitaciones y sus puntos fuertes, se siente cómoda hablando de ellos y con frecuencia demuestra afán de recibir críticas constructivas. Por el contrario, los que tienen poca autoconciencia interpretan el mensaje de que deben mejorar como una amenaza o un síntoma de fracaso. Los individuos autoconscientes también pueden reconocerse por su confianza en sí mismos. Conocen bien sus capacidades y es menos probable que se pongan en una actividad en la que pueden fracasar, por ejemplo exigiéndose demasiado al cumplir con un encargo. Además, saben cuándo deben pedir ayuda. Los riesgos que corren en su trabajo están calculados. No buscan un reto que está fuera de su alcance. Sacan partido de sus puntos fuertes.

## EMPATÍA

Se reconoce con mayor facilidad. La empatía implica considerar detenidamente los sentimientos de las otras personas, junto con otros factores, para el proceso de toma de decisiones inteligentes.

Un ejemplo es el caso de una fusión entre compañías. El director se dirigió a sus subordinados con palabras en las que manifestó con franqueza su preocupación y su confusión, y prometió mantenerlos informados y tratar a todo el mundo equitativamente. Se dio cuenta por intuición de lo que sentían los miembros de su equipo y verbalizó sus miedos. Siguió siendo un gran líder, sus mejores trabajadores se quedaron y su departamento continuó siendo tan productivo como siempre.

En realidad, el líder no tiene por qué estar de acuerdo con la postura o reacción del empleado, pero con sólo escuchar su punto de vista y luego disculparse en caso necesario o buscando el remedio pertinente, reduce en parte la toxicidad y resta poder destructor a las emociones negativas. En un estudio realizado con trabajadores de 700 empresas, la mayoría aseguró que un jefe atento les parecía más importante que la nómina que cobraban. En la misma investigación, ante la pregunta de si aceptaría tener un jefe tóxico a cambio de un buen sueldo, la gente respondió que no, a no ser que la cantidad fuera tan elevada que permitiera ahorrar suficiente dinero para luego mandarlo a freír espárragos y despedirse sin la más mínima preocupación.

Los hábitos de las personas con inteligencia emocional:
1. Se concentran en lo positivo.
2. Se rodean de personas entusiastas.
3. Proponen soluciones.
4. Resuelven problemas sin ira.
5. Aprenden de sus errores.
6. Están en constante aprendizaje.
7. Buscan ser más felices y productivos.

# PRINCIPIOS

Las personas que han llegado muy lejos en la vida, lo han conseguido porque han construido un camino con sus elecciones basadas en valores, hábitos sólidos, costumbres sanas y principios cimentados.

**La familia y los seres queridos son lo primero.** Ten claro que el trabajo es muy importante, pero nunca tan importante como compartir la vida con quienes más amas. El éxito empieza al estar bien contigo mismo, así que dedica tiempo y atención a quienes significan mucho para ti.

**Comienza el día con un objetivo o un plan.** Ten metas claras a corto y largo plazo, además visualiza lo que tienes que realizar cada día para sentirte satisfecho y acercarte a tus objetivos.

**El progreso es más importante que la perfección.** No se trata de hacerlo todo perfecto. Las habilidades que desarrollas al ir alcanzando varios objetivos son más importantes. Mejora constantemente y te sentirás orgulloso. La única persona con quien necesitas competir es contigo mismo. *No se trata de ser el mejor, sino ser mejor de lo que eras ayer.*

**Rodéate de gente positiva.** Rodéate de personas proactivas que buscan soluciones y opciones, que te inspiren para lograr grandes cosas y vivir plenamente en todo lo que hagas.

**Cuida tu salud.** Sé consciente de estar física y emocionalmente sano. Con buena salud tienes la libertad y la energía para disfrutar plenamente la vida.

**No asocies el éxito con el dinero.** Asocia tu éxito con la felicidad, la paz interior y las acciones positivas. Definitivamente, el dinero ayuda a tener la mente más despejada pero no puede hacerte feliz si eres incapaz de sentir la felicidad desde el interior.

**Ponte metas concisas, claras, específicas y medibles.** Al saber exactamente lo que deseas lograr estarás motivado hasta alcanzar tu meta. Elabora un plan de acción claro y ejecuta tus ideas.

**Sé flexible al cambio.** Los planes, las estrategias y las tácticas pueden cambiar, pero no cambies tu meta y haz los ajustes necesarios. No dejes de aprender y ten la apertura a mejorar tanto en lo profesional como en tu vida personal. La rigidez es buena en las piedras pero no en los seres humanos.

**Identifica aprendizajes y beneficios en experiencias.** Recuérdate a ti mismo que has superado con éxito muchos obstáculos antes, por lo que sin duda podrás superar nuevos retos. Céntrate en lo que debes hacer para que todo vaya sobre ruedas.

**El fracaso es parte del crecimiento.** Observa los contratiempos y errores como oportunidades para aprender, crecer, mejorar y hacer que la próxima victoria sea aún más grande. Sé capaz de volver a levantarte y de utilizar esa experiencia para mejorar, en realidad no has fallado, simplemente ha sido un tropiezo.

**Propón soluciones.** Céntrate en las acciones por hacer para mejorar la situación actual. Piensa con claridad y propón ideas positivas que abran la puerta a nuevas soluciones. No pongas excusas y haz todo lo posible sin darte por vencido.

**Toma decisiones firmes.** En todo momento tomas decisiones, hasta no tomar una decisión es una decisión. Decide lo que quieres y haz todo lo que sea necesario para hacer que las cosas sucedan tal como lo planeaste para asegurar ese éxito.

**Agradece.** Reflexiona sobre tu día y da las gracias por la ayuda que te han dado las personas que están a tu lado, son parte de tus avances y aprendizajes. En lo personal doy gracias a Dios siempre por lo que la vida me ha brindado y procuro no enojarme por lo que no.

**Relájate.** Evita estar agotado y frustrado sin tener tiempo para despejarte. Es importante darte un espacio para recargar baterías y disfrutar de todo lo que tienes hoy en tu vida.

Entiende que tú eres lo que hagas de ti mismo. Piensa y reflexiona cómo diseñar tu futuro y disfrutar tu vida. La única persona que estará contigo toda la vida eres tú mismo. Rodéate de lo que amas, ya sea la familia, mascotas, música, plantas, pasatiempos, lo que sea.

# "SÉ EL CAMBIO QUE QUIERES VER"

Cuida tus Pensamientos porque se volverán Palabras,

Cuida tus Palabras porque se volverán Actos,

Cuida tus Actos porque se harán Costumbre,

Cuida tus Costumbres porque forjarán tu Carácter,

Cuida tu Carácter porque formará tu Destino,

Y tu Destino será tu vida...

Mahatma Gandhi

# SECCIÓN NEGOCIOS Y TRABAJO

A través del tiempo he podido ver los diferentes escenarios laborales, ya sea ser **Emprendedor de un negocio propio** o bien **tener un Empleo**, por lo que en esta sección te compartiré un poco de la lógica, el sentido común y las herramientas empleadas para que tengas más elementos dependiendo del camino que quieras seguir.

Si quieres tener un equipo ganador, un equipo que tenga posibilidades de lograr retos de forma periódica y recurrente, deberás trabajar con firmeza para generar ingresos suficientes para poder contratar el mejor talento posible. De ser posible, que sea diverso para que tengas puntos de vista complementarios. Eso se hace trabajando duro, ya seas el director de una transnacional o estés a cargo de un negocio como la tienda de la esquina.

Entender la lógica de una industria o cualquier otra actividad humana es imprescindible para tener un poco de éxito; sin embargo, si quieres liderar, ganar e ir por delante de la competencia, tendrás que entender y repensar todo, comprender bien la demanda, la oferta, las necesidades de los clientes y a los competidores. Deberás ser capaz de comprender la realidad, ser creativo para idear una nueva realidad y ser suficientemente valiente para llevar las ideas a la práctica.

# CANCHA DE JUEGO: ¿EN QUÉ NEGOCIO ESTÁS?

Antes de entrar a una industria, estúdiala con detalle para entender si es donde quieres competir y en caso de serlo sepas cómo hacerlo.

Haciendo una analogía con el fútbol, las empresas hablan de sus mercados o industrias como su cancha de juego, la cual tiene sus características y condiciones que pueden influir en el resultado de un partido. Todas las canchas son diferentes, algunas más largas o angostas, pasto sintético o natural, otras techadas o al aire libre.

En las empresas su cancha de juego lo define el tamaño del mercado donde participan, si está saturado o es muy competitivo, si es un mercado pequeño, en crecimiento o grande, la oferta y demanda de productos, la rentabilidad, los competidores actuales y potenciales, cómo se compite, comprender a los clientes potenciales, las necesidades a satisfacer, con qué proveedores se puede contar, etc. Hay que conocer la cancha donde nos toca jugar con suficiente detalle y profundidad.

# LA FORMA Y EL TAMAÑO DEL PASTEL

Teniendo claro qué necesidad satisfaces y cuál es el producto o servicio que vendes, pregúntate ¿cuál es el tamaño del pastel?, en otras palabras ¿cuál es la dimensión del mercado al que te diriges? Conoce su tamaño, las perspectivas de crecimiento y los modelos de negocio que aplican en ese giro o sector así como la historia de su evolución.

# ¿QUÉ PRODUCTO O SERVICIO OFRECES?

Probablemente parece una respuesta obvia pero vale la pena que te cuestiones con frecuencia y tengas mucha claridad al respecto. Se dice que lo difícil no es llegar a ser el mejor, sino mantenerse ahí. Eso implica adaptarse constantemente a las circunstancias cambiantes del mercado y a las demandas de los clientes, comprendiendo bien qué necesidad buscan satisfacer.

Reflexiona periódicamente qué necesidad satisfaces de tus clientes y compara cómo tu competencia satisface esa misma necesidad de otras formas. El producto o servicio que ofrezcas debe ser atractivo y con garantía de éxito, que motive y satisfaga las necesidades de tu cliente.

A mediano plazo ninguna empresa puede tener éxito sin un buen producto. Invierte en tener un producto ganador para tu segmento de mercado.

No hay mejor inversión en marketing que invertir en mejorar el producto. Ninguna buena campaña hará vender un mal producto. En un mundo tan conectado tus consumidores están a un clic de distancia, ya sea de una búsqueda en Google, un post de Facebook o un Tweet para encontrar toda la información necesaria.

# LA CADENA DE VALOR: ¿QUIÉN GANA DINERO EN EL PROCESO?

Cuando eras niño e ibas a una fiesta de cumpleaños, más allá de qué tamaño era el pastel era qué pedazo te tocaba a ti. Es muy relevante que tengas claridad sobre la riqueza que se genera y cómo se reparte.

Veamos un sencillo ejemplo de una mesa que se vende por $1,000 en una tienda de muebles. Habrá que saber cuál es el margen de ganancia para el vendedor, cuál es el costo de transporte desde la fábrica hasta la tienda, cuál es la utilidad para quien la fabricó considerando la mano de obra, la amortización de las máquinas y la madera como materia prima. Teniendo claro el beneficio que obtiene cada uno de quienes participan en el proceso y las implicaciones que conllevan, podrás decidir si quieres ser comerciante, fabricante o tener tu aserradero de madera.

# LA COMPETENCIA

Ya que analizaste y entendiste la cancha de juego donde jugarás, el siguiente paso es fijarte en tus principales competidores. Quién es líder, quiénes son los mejores y los peores, y qué puedes aprender de ellos. Entiende cómo se diferencian y qué es lo que les hace ser exitosos o los ha llevado al fracaso.

Reflexiona en qué eres o podrás ser mejor que tu competencia, cuáles son tus ventajas competitivas actuales y futuras. Analiza las ventajas de tus competidores viendo la situación con los ojos de tus clientes para que sepas cómo moverte.

# SALARIOS EN RELACIÓN ADECUADA

En el entendido que el éxito empresarial depende en gran medida del talento de las personas, quienes tienen más talento son también los que pueden pagar salarios más altos, por lo que la capacidad de pagar salarios debe correlacionarse con los resultados obtenidos.

La relación de los salarios debe ser bien administrada y guardar una proporción adecuada comparada con tus costos fijos así como con tus ingresos, debes hacer tu propio análisis por lo que es importante que cuentes con un simulador en tu modelo de negocios, para que  dependiendo el giro de tu negocio, tengas claridad y te permita alcanzar los objetivos planteados cuidando no excederte del gasto salarial que soporte tu negocio.

Puedes considerar salarios variables, los cuales estén ligados a los resultados esperados y por lo tanto a los ingresos que los pagarán.

# ¿A DÓNDE TE DIRIGES? ESCOGE UNA ESTRATEGIA

No puedes estar presente en todos los lugares ni en todo momento, por lo que debes responder ¿a dónde te diriges?, y ¿qué lograr primero? Haz el análisis necesario sobre dónde enfocarte ya que tendrás que tomar decisiones.

Por pequeña que sea tu empresa o por particular que sea tu producto, piensa con quién puedes hacer negocios, seguramente encontrarás dónde hay demanda. ¿Cuál es la capacidad adquisitiva de ese cliente? ¿Cuál es la competencia local y qué participación de mercado tienen en productos o servicios similares?

Ya que has decidido en qué mercado estarás presente, pregúntate: ¿Cómo llegaré ahí? Analiza otros modelos de negocio que permitan entregar el valor de tu producto o servicio de forma eficiente, ya sea que lo hagas solo o bien con socios locales donde tú no tienes presencia.

El riesgo más peligroso no es a la hora de definir la estrategia a seguir de acuerdo a tus capacidades, sino en tenerla clara y ejecutarla con coherencia. No es aceptable ganar a cualquier precio olvidando tus valores y la esencia de quien eres.

Para ejecutar tu estrategia requieres la comunicación adecuada para hacer llegar tu mensaje de manera entusiasta y clara.

Haz un análisis detallado y define cuidadosamente tu estrategia. Una vez que la hayas escogido, sé congruente con tus acciones para cumplirla. No deberías de estarla cuestionando ni dudando de ella en el día a día. Revísala con frecuencia y cuando se presenten cambios significativos en el entorno, y haz ajustes cuando sea necesario.

Lanzar un negocio es un proceso que normalmente afrontas por primera vez y no sabes qué hacer, por lo que existe la probabilidad de que cometas muchos errores y tienes menores probabilidades de éxito. Plantéalo de manera profesional: Planifica, Ejecuta, Verifica y Actúa.

Arma un buen modelo de negocio. Escribe en papel qué clientes, qué segmentos, qué propuesta de valor, qué canales, qué alianzas clave, qué recursos se necesitan ahora y a mediano plazo, y cuál es la principal fuente de ingresos que va a tener el proyecto.

Crea escenarios sin caer en la parálisis del plan de negocio. Haz realidad la prueba, te ayuda a cuestionar tu modelo y propuesta para analizar qué posibilidades tiene de éxito.

**No trates a tu negocio como si fuera un *hobby***

Un negocio no es un *hobby*. Si aún no le dedicas el 100% de tu tiempo y esfuerzos es porque aún estás validando o creando una base de clientes antes de dedicarte de tiempo completo. No es un *hobby* aunque sólo lo hayas puesto para tener ingresos adicionales. Si no piensas en su desarrollo, va a ser mayor el esfuerzo que el resultado.

Combinar las actividades mientras estás en un empleo y desarrollas tu negocio durante un tiempo te permite hacer una transición suave a la vida de empresario, frente al salto al vacío de lanzar un proyecto de negocio propio.

Además, el salario que estás devengando puede financiar la sociedad en su arranque. Esto evita recurrir a préstamos aunque este financiamiento sea muy limitado.

**¿Necesitas un socio que dedique el 100% de su tiempo?**

Si actualmente estás empleado difícilmente tú solo podrás sacar adelante tu propio negocio, ya que requieres estar de las 8:00 am a las 7:00 pm en tu trabajo, y aunque en el inicio te organices, no es sostenible que te quites horas de sueño o que estés madrugando. Sé realista que necesitarás un socio que le dedique tiempo.

Además, si incursionas en un sector que no conoces, deberías apoyarte con alguien que tenga experiencia, que cubra tus deficiencias técnicas y pueda poner en marcha el negocio. Que conozca muy bien el mercado. Si cuentas con ello, tu modelo de negocio va a ser más sólido.

# LA EJECUCIÓN

Es importante estructurarte adecuadamente para lograr la ejecución. Seguramente en el camino habrá contratiempos, por lo que haz las pausas necesarias para parar y pensar cuál es la mejor manera de hacer posible la estrategia de forma efectiva y eficiente. Asesórate por profesionales con experiencia y fomenta una comunicación efectiva.

# LOS GASTOS

Cuida tus gastos fijos y aquellas partidas que representan un porcentaje considerable sobre los ingresos, debes tener claro cuál debe ser su estado ideal. Hay estrategias que te pueden servir para tener una rentabilidad saludable, por ejemplo los sueldos puedes construirlos en partes fijas y variables, ligados a los resultados de la empresa y de la persona, además de medir la satisfacción de los clientes.

Como en cualquier empresa, las personas deben ganar más dinero cuando consiguen los objetivos fijados, y tienen que ganar menos cuando no se logran. Escoge los incentivos correctos y evalúa al final del periodo de tiempo establecido, ya sea por mes, trimestre, semestre o año el trabajo hecho y los resultados obtenidos, así se convierte en un proceso estructurado. Busca criterios objetivos.

Respecto a los gastos operativos que haces en el día a día, cuestiónalos en orden de relevancia, de mayor a menor para que pongas los controles adecuados. De vez en cuando pregúntate de distintas maneras si cada gasto es necesario y por qué, en caso que no lo puedas explicar claramente, recórtalo. Puedes incluso asignar a un equipo específico para esta tarea asegurándote de dejar sólo los gastos imprescindibles. Realiza licitaciones con frecuencia para obtener proveedores que ofrezcan soluciones con una adecuada relación de costo y calidad. Identifica las actividades clave para el negocio y define cuáles son secundarias, analiza qué actividades puedes subcontratar y las que debes hacer directamente.

Hasta que no tengas todo funcionando y generando ingresos, evita gastos que afecten tu modelo de negocio.

# LA FÓRMULA GANADORA

Cuando se habla de fórmulas para conseguir éxito, lo primero por admitir es que no hay fórmulas infalibles.

Formar un equipo ganador es un objetivo fundamental de toda empresa, ya que se tratan de reducir al máximo los errores que se van a cometer a lo largo de un proyecto o periodo de tiempo, por lo que se requiere de *Equilibrio, Compromiso y Talento.*

## EL EQUILIBRIO

Se refiere a cómo acepta su rol cada uno de los miembros por el bien del equipo, aportando lo mejor que tiene y dando el extra cuando se requiere.

Está claro que no todo el mundo tiene que hacer la misma tarea, rol o actividad en el equipo. Unos tendrán un papel más sacrificado y otros lo tendrán más ante los reflectores, por lo que no todos recibirán la misma recompensa; sin embargo, las diferencias deberán ser justas y deben ser aceptadas por todos los miembros del grupo.

En el momento que cada quien haga su papel y rol, el equipo quedará equilibrado. Lo mejor que las personas pueden decir de su líder: "es duro, pero justo". El equilibrio en el equipo se consigue planeando con criterio, comunicando claramente y siendo justo al valorar las situaciones.

## EL COMPROMISO

Es importante motivar a la gente. Como líder deberás adaptar tu estilo de liderazgo dependiendo de la situación, ya sea para poner disciplina, dar guía y dirección, dar soporte, estimular o delegar las tareas.

El compromiso es algo que se contagia y viene desde el interior de cada persona, y se promueve más aún si viene de los líderes de la empresa. Cuando se logra el compromiso en el grupo se generan resultados extraordinarios.

## EL TALENTO

Son las cualidades, habilidades o competencias que te distinguen y que los demás identifican en ti. Esa fortaleza que te distingue y marca la diferencia en lo que sabes hacer muy bien, explótala. Pon en acción tu talento y persigue tus sueños con la actitud adecuada.

# PERSONALIDADES PARA UN EQUIPO GANADOR

Las personas que forman los equipos desempeñan diferentes roles que pueden clasificarse en tres estilos de comportamiento que sugiero llamar *el Propositivo, el Cuestionador y el Ejecutor.*

## EL PROPOSITIVO

El propositivo es quien es capaz de ver más allá, de visualizar las opciones de crecimiento por las cuales hay que apostar y enfocarse. Es el faro y guía que da dirección. En su estilo entusiasma y contagia de tal manera que motiva al equipo a seguir los objetivos fijados para que se consigan. Sabe escoger bien qué caminos son más factibles y positivos para la empresa.

Algunos son propositivos ocasionales, digamos que son fugaces, de una sola vez, pero imaginan algo que parece imposible y como dan el primer paso acertando en el objetivo consiguen que los demás los sigan.

## EL CUESTIONADOR

Es quien pone freno a los planes del propositivo al decir que no es viable lo que propone. Es la contraparte del propositivo y es muy necesario ya que da prudencia y un análisis frío que permite situar la realidad en las discusiones. A menudo recae en personas de perfil financiero, ya que su rol es que planea y controla.

El cuestionador es efectivo solo si tiene el apoyo y confianza del propositivo, ya que entrarán en conflicto y es imprescindible que ambos se respeten para que el resultado sea positivo para el equipo.

**EL EJECUTOR**

Es quien hace que las cosas sucedan. Pone en práctica las acciones, es perseverante, es incansable, se sacrifica y tiene la energía para lograr que las cosas sucedan.

Como sabe el esfuerzo que conlleva hacer las cosas, le proporciona sensatez al equipo, busca la manera más efectiva y eficiente de llevar las acciones a la práctica. Necesita el reconocimiento del equipo por el desgate que tiene.

Dependiendo del momento y situación por el que esté pasando tu empresa pregúntate qué combinación de personas con el perfil de propositivos, cuestionadores y ejecutores se requieren y quién debe liderar, ya que habrá circunstancias en las que lo más importante para la empresa sea el control y orden, por lo que necesitará al cuestionador como líder y así sucesivamente, ya que el entorno es cambiante.

# EQUIPO... FORMACIÓN HASTA CONSOLIDACIÓN

Trabajar en equipo no es fácil y más complicado aún es dirigirlo. Se requieren competencias, habilidades y comprender las fases por las que pasa un equipo antes de ser verdaderamente eficaz.

En 1965 Bruce Tuckman formuló un modelo de desarrollo de los equipos de trabajo, definiendo que los equipos experimentan cuatro momentos en el desarrollo de un equipo: *Forming* (Formación), *Storming* (Agitación), *Norming* (Normalización) y *Performing* (Desempeño).

**Formación**

Es la etapa cuando el equipo se crea y forma, por lo que requieren adquirir pertenencia, y la manera de lograrlo es a través de generar vínculos y unión. Sus conductas son impulsadas por los sentimientos de ansiedad o de dependencia, pueden provocar ciertos problemas que serán resueltos a medida que el equipo madura. Todas las personas aportan todo lo que saben y pueden, actuando de la mejor manera posible aunque sean aportaciones estrictamente individuales, la suma de las mismas no forma todavía un equipo de trabajo. Pueden sentirse impacientes por participar y buscar comprometerse con nuevas actividades y tareas.

Es el momento de conocerse. Es posible que sea la primera vez que las personas trabajan entre sí. Se fijan los objetivos por alcanzar e identifican los retos. Todos observan cómo se comportan los demás ante los retos y la presión. Por lo general, están ansiosos por trabajar con personas que no conocen al no tener seguridad sobre si sus aportaciones serán realmente valiosas. Están atentos para ir coordinándose y construyendo el equipo.

## Agitación

La etapa de agitación o conflicto es inevitable. Sucede por la competencia generada alrededor de las responsabilidades que a cada quien se le asignarán. Pueden sentirse incompetentes y confundidos, al no estar suficientemente seguros acerca de su capacidad para realizar el trabajo asignado. Algunos de los miembros del grupo se decepcionan por no tener la tarea o la responsabilidad que esperaban y para la cual se creen capacitados.

Es una etapa muy crítica, de hecho hay equipos que no consiguen superarla y terminan por romperse. Para que el grupo no se rompa antes de tiempo, es necesario que los miembros más maduros y de mayor experiencia en el equipo intervengan para establecer puentes de entendimiento y equilibrio. El papel del líder es clave para estar disponible para todos los miembros del equipo, siendo paciente, tolerante y firme cuando se requiera.

Las personas del equipo pueden experimentar sentimientos negativos sobre el líder del equipo y otros compañeros por lo que los conflictos se tendrán que resolver. Deben usar toda su madurez y estar preparados para tomar decisiones drásticas.

**Normalización**

Después de la tempestad, viene la calma. Para este momento los integrantes del equipo ya trabajan conjuntamente de manera decidida y se ayudan unos a otros en lugar de competir. Han adecuado su comportamiento a las necesidades del equipo, ya todos saben qué deben hacer y cómo deben actuar con los demás. Han resuelto algunos de sus conflictos y actúan como un equipo. Se sienten abiertos a recibir una retroalimentación constructiva y son aceptados por los demás.

El riesgo más alto en esta etapa es que el equipo pierda la creatividad, la capacidad de innovar y de hacer cosas extraordinarias. Es el momento de buscar la efectividad.

**Desempeño**

Algunos equipos llegan a consolidarse y están unidos, en esta etapa el equipo fluye de manera adecuada sin que nada lo detenga o limite para ser altamente productivo. Sus miembros se respetan unos a otros, respetan sus competencias y las personalidades respectivas. Han madurado y se sienten libres de expresar sus opiniones sin miedo a que sean malinterpretadas. La comunicación entre ellos es clara y los resultados llegan con fluidez.

Todos hemos vivido alguna de estas etapas por lo que sabemos que los equipos pasan varias veces por estas fases y no es algo lineal, ya que van de una etapa a otra, adelante y atrás. Lo más importante es detectar en cuál de las cuatro fases se encuentra tu equipo para saber cómo debe ser el comportamiento adecuado y así puedas tomar acciones al respecto por el bien del equipo y del objetivo que te has planteado.

# LIDERAZGO

En términos muy simples, la función de los líderes es conseguir los resultados que se esperan del grupo. El líder deberá sacar las capacidades que cada persona del equipo tiene para ponerlas al servicio de los demás y así lograr el resultado esperado. Por lo que de todas las decisiones que tendrás como líder, una de las primeras será probablemente la formación de tu equipo y la elección de tu estilo de liderazgo. Tomarás decisiones firmes para configurar el equipo que piensas dará el resultado y tratarás a todos por igual para ganarte el compromiso de la gente. Puede ser que refuerces al equipo con el talento que se considera necesario, asegúrate que existe el compromiso o de lo contrario no lograrás el objetivo.

Tendrás que explicarles a todos el plan estratégico con su plan de acción en los lapsos de tiempo necesarios para alcanzar los resultados esperados. Como líder debes ser el primer convencido de que tus acciones valen la pena y que tendrás éxito con ellas. Apóyate en quienes tienen un alto compromiso y contagia al resto.

## ELIGE EL ESTILO DE LIDERAZGO QUE NECESITA EL EQUIPO

Los líderes más duraderos se adaptan a las características del grupo que debe de dirigir y no pretenden que el grupo sea el que se adapte a su manera de pensar o de hacer, incluso su manera de dirigirlo deberá ir cambiando en función de los requerimientos del equipo dependiendo la situación.

Cuando una persona del equipo carece de experiencia y no sabe hacer las cosas hay que dirigirla con instrucciones claras y paso a paso, sin soltarla y tener reuniones frecuentes con ella.

Ya que la persona ha efectuado esa tarea o actividad, puedes ser su *coach* lo que les permite comprometerse con el proyecto. Habla con la persona, escucha sus experiencias y toma las decisiones pensando en beneficio del grupo. Ese miembro del equipo te percibirá como a un líder experimentado que lo ayuda, y que da la guía pensando en lo que más le conviene al grupo.

A medida que vienen los logros, el equipo consigue autoconfianza y se motiva, el estilo de liderazgo cambia a que los apoyes. Das margen para que se autorregulen justificados por la experiencia que han tenido y los orientas para que tomen las decisiones. Tu rol va enfocado hacia la coordinación y resolución de los conflictos que les puedan surgir con sugerencias "¿por qué no intentas esto?".

Una vez que la persona tiene un alto nivel de experiencia y está motivada, simplemente hay que delegar las tareas y tener reuniones informativas de seguimiento, ya que puede ser que requiera de tu consejo o apoyo, además que requieres estar al pendiente de lo que está sucediendo.

Como verás, tu estilo de liderazgo debe cambiar dependiendo de las situaciones que se presenten y el nivel de experiencia de quien estará ejecutando esa tarea, por lo que es necesario que adoptes todos los estilos para liderar adecuadamente y así conseguir resultados extraordinarios. Recuerda que los líderes que se mantienen por periodos largos de tiempo serán los que tengan suficiente flexibilidad para adaptarse al grupo. El equipo está por encima de las individualidades.

## CONTRATACIONES

Evalúa la capacidad de la gente para adaptarse a su nuevo entorno.

¿Quieres que el candidato tenga experiencia en la industria? Si contratas a alguien que venga de otro sector, seguramente aportará una nueva forma de pensar y apoyará para innovar formas de hacer las cosas. Requerirá cierto tiempo de aprendizaje referente a tu industria.

En caso de que tu objetivo sea aplicar una estrategia ya definida en un plazo muy rápido, lo recomendable es que contrates a alguien con experiencia en tu industria. En el caso que no seas la empresa líder, al contratar a alguien de una empresa mayor o con más capacidades, podrás incorporar los conocimientos necesarios para mejorar y crecer.

Busca gente capaz de entender rápidamente tu negocio.

## SU ACTITUD Y SU COMPROMISO

Identifica cómo el candidato influirá en el equilibrio del grupo. Imagina cómo será el día a día del grupo con él y cómo se darán las relaciones entre los miembros del equipo. Aunque su rendimiento individual sea alto es relevante que su actitud influya positivamente en el equipo y agregue valor.

Busca los recursos necesarios para cumplir los objetivos de tu organización, ya sea internamente o por fuera, contrata o desarróllalos, pero asegúrate que es gente con actitud que puede traer talento técnico para lograr los resultados que esperas.

## SE JUEGA COMO SE PREPARA

La formación y capacitación son muy importantes en cualquier empresa. Todo va en función de cómo los equipos se motivan, preparan y coordinan.

En las empresas como en el futbol se juega como se entrena, no será posible tener un equipo campeón sin entrenar y prepararse como debe ser. Capacitarse y tener a cargo proyectos dan conocimientos que habilitan el poder conseguir los objetivos planteados, por lo que revisa tus planes de capacitación y proyectos donde estarán implementando los aprendizajes en el día a día para agregarle valor a la empresa.

# NECESIDADES E INNOVACIÓN

No innovarás preguntando a la gente qué desea sino observando cómo compran y viven los productos, experimentando lo mismo que ellos al usarlos. Cuando seas capaz de tener la misma perspectiva que el consumidor, entonces podrás encontrar soluciones para necesidades que no han sido encontradas o que, si lo han sido, los consumidores no han sabido expresar y satisfacer.

Innovar en los negocios es encontrar necesidades de los consumidores que no están atendidas y satisfacerlas. Se trata de implementar una idea, dar soluciones reales enfocadas en los consumidores porque ellos son los destinatarios finales.

Innovar no es crear productos nuevos sino encontrar nuevas necesidades de los consumidores y satisfacerlas. ¿Qué vendes? ¿Qué necesidad satisfaces? Sé capaz de llegar al consumidor y convencerlo de que tienes la mejor solución.

Innovación y certeza no van de la mano. La innovación es riesgo. Nada nuevo puede construirse sobre pruebas, sino sobre pistas. Necesitas revisar y analizar las pistas que vas observando para crear nuevas soluciones.

1.  Innovar es una actividad de alto riesgo; sin embargo, puedes limitar el riesgo al no invertir todo en una sola idea innovadora.

2. Detecta nuevas necesidades de los clientes, observa a los consumidores e imagina qué podría sorprenderlos. No les preguntes directamente.
3. Tendrás una idea original, pero ésta puede cambiar por otras mejores ideas en el camino. Ten apertura y sé flexible.
4. Considera siempre la simplicidad, lo simple tiende a ser mejor.

Cualquier persona a la que le comentes sobre tu producto o servicio te va a decir que está muy bien y que es muy buena idea hasta que tenga que pagar por ello. Por eso, es importante tener lo básico, aunque sea una versión por la que la gente pueda conocer y estar dispuesta a pagar por adquirirlo.

# VISUALIZACIÓN

Si pudieras ubicarte a 3, 5 o 10 años del día de hoy podrías ver qué errores estás cometiendo en estos momentos y cómo afectarán tu futuro, teniendo esa claridad, hoy tomarías diferentes decisiones y cambiarías tu comportamiento. Físicamente no puedes hacer eso hoy; sin embargo, puedes hacer mentalmente este ejercicio. Analizar tu pasado te permite entender tu presente, y visualizar tu futuro te permitirá efectuar las acciones que te acerquen a él. Te será de gran ayuda en la vida personal o profesional.

Sitúa tu empresa en unos 3 a 5 años más adelante. Hay decisiones de fondo que dan forma bastante clara en las cuales debes enfocarte para asegurar que te llevarán a ese mediano plazo. Ten presente hacer las pausas necesarias para analizar las condiciones y hacer los ajustes necesarios en tu trayecto. Analiza y critica con tu equipo cómo está tu empresa hoy, asegúrate que hay coherencia con las acciones para que sea la misma visión que observaron de la empresa *desde el futuro,* esto permite reafirmar las acciones, priorizarlas o cambiarlas.

# CAMBIAR AHORA O NUNCA

Cambiar nos puede llevar un segundo o una eternidad. Hay personas que deciden dejar de fumar y lo hacen inmediatamente, y hay otras a quienes su proceso de decisión les dura un año. Te recomiendo hacer los cambios de manera inmediata. Si quieres dejar de fumar, hazlo ya. En las empresas exitosas aproximadamente el 80% de los cambios se hacen el primer año. "Lo que no cambiemos el primer año no lo cambiaremos nunca".

Cuando seas responsable de un proyecto que necesita una gran transformación, en los primeros meses se darán las mejores condiciones posibles para que ejecutes los cambios. Los colaboradores aceptan en buena medida modificar sus actividades y objetivos, están abiertos a cambiar. Después de este primer periodo, los errores que identifiques y quieras rectificar serán más complicados.

# BREVE RESUMEN DE TU NEGOCIO

**Define tu esencia.** Determina en lo que serás el mejor y lo que le será muy difícil imitar a otros. Te permitirá enfocarte en tus recursos.

**Uso del producto.** ¿Cómo tu producto o servicio le agregará valor al cliente? Te ayudará a entender las barreras potenciales para que lo adquieran. Los clientes compran basándose en el valor que les da. Asegúrate que entienden los beneficios de tu producto o servicio. Desarrolla un plan de productos a largo plazo para tener opciones y así puedas dirigirte a otros mercados. Invierte en el propio producto, para convertirlo en un mejor producto.

**Diseña un modelo de negocio.** Analiza diferentes maneras de cómo encuentran valor en tu producto o servicio, esto te permitirá reducir dramáticamente costos e incrementar el valor en el largo plazo con tus clientes.

**Identifica tus supuestos clave.** Crea diferentes escenarios antes de hacer fuertes inversiones. Será más rápido y mucho menos costoso probar ahora los supuestos y hacer los ajustes necesarios. Los números no mienten. Ten evidencia concreta.

**Calcula el tamaño del mercado actual y futuro.** Calcula los ingresos anuales de los próximos mercados después de que tengas éxito en el mercado inicial. Tendrás claridad del potencial que puede venir una vez que seas exitoso en tu mercado inicial.

**Segmenta el mercado.** Identifica cómo tu producto o servicio puede satisfacer a una variedad de usuarios finales. Construye a partir de la necesidad del cliente. Selecciona un segmento de mercado donde sientas que tienes altas posibilidades de éxito con valor estratégico. Los recursos son limitados por lo que enfocarte es esencial. Calcula el tamaño del mercado, asegúrate que no es demasiado grande o demasiado pequeño.

**Define el perfil del consumidor o usuario final.** Ten información demográfica y específica acerca de lo que quiere y de cuáles son sus necesidades, así mantendrás tu foco y conocerás a tus principales clientes.

**Próximos clientes.** Crea una lista de tus 10 próximos clientes. Muéstrales visualmente cómo aportas a sus necesidades prioritarias y a su estrategia. Anticípate a posibles obstáculos para darles opciones. Calcula el valor a largo plazo de tus clientes ya que habrá algunos estratégicos que te darán crecimiento. Estima el costo total para conseguir nuevos clientes para saber qué tan sustentable y atractivo será tu negocio cuando lo hagas a gran escala.

**Aplica tu networking.** Crea una red de contactos, ya sea de clientes, proveedores y otros empresarios. Es muy importante tener experiencia y si no la tienes tú, búscala. Aprovecha la red de contactos de tus conocidos, y muévete en las redes sociales.

**Determina tu política de precios.** Pequeños cambios en los precios pueden tener un gran impacto sobre tu rentabilidad. Analiza el precio actual y futuro de tus productos.

**Aprovecha el tiempo.** El tiempo también tiene un costo de oportunidad como el dinero. Si le dedicas tiempo a una cosa, se lo quitas a otra. Compara el tiempo que dedicarás a cada cosa teniendo en cuenta qué obtendrás y a qué se lo estarás quitando.

**Sitio web adecuado.** Al igual que como te arreglas y vistes adecuadamente para reuniones importantes, diseña tu sitio web de manera profesional, ya que le dará una buena imagen a tu empresa. Actualízalo periódicamente, ya sea que contrates a un profesional, becarios de alguna universidad o un paquete prediseñado que sea sencillo para que lo hagas tú mismo.

# GRACIAS...

**Ahora te toca a ti alcanzar tus metas.**

Si te agregó valor este libro por favor compártelo con alguien más, puede ser algún familiar, amigo, compañero de trabajo, estudiante, alguien a quien tú estimes para que le des el regalo de alcanzar sus propias metas.

¡Gracias por tu lectura!

Será un gusto saber de ti y estar en contacto para saber tus logros.

j.foubert@asesoriaysoluciones.com.mx

**www.asesoriaysoluciones.com.mx**

# REFERENCIAS DE CONSULTA


Bruce Wayne Tuckman (1965), Developmental sequence in small groups, Psychological Bulletin, 63, 384-399.

Bruce Wayne Tuckman and Mary Ann C Jensen (1977), 'Stages of small group development revisited', Group and Organization Studies, vol.2, no.4, pp.419-27.

Damian Hughes (2010), Pensamiento líquido. España. Empresa Activa.

Ferran Soriano (2012), La pelota no entra por azar. México. Prisa Ediciones.

Víctor Küppers. Actitud. Ted Talk. TEDxAndorralaVella. (2013). https://www.youtube.com/watch?v=nWeclwtN2ho

Stephen R. Covey (1989), The Seven Habits of Highly Effective People. Estados Unidos.

Este libro se terminó de imprimir en el mes de Octubre de 2017,
en Azul Impreso S.A. de C.V. en calle Estrella 3-A. Col. La Pastora.
Querétaro, Querétaro. C.P. 76025.
Tiraje: 1,500 ejemplares